제4차 표준보육과정을 반영한

언어
지도

Language Arts for Young Children

성미영 · 유주연 · 이세라피나

학지사

머리말

생애 초기에 해당하는 영유아기는 모든 발달영역에서 급격한 변화와 성장을 경험하는 시기다. 특히 이 시기는 언어발달의 결정적 시기에 해당한다. 보육현장에서 영유아의 언어발달을 지원할 예비보육교사를 위한 언어지도 과목은 보육교사 자격 취득을 위한 필수 교과목에 해당한다. 따라서 보육교사가 영유아의 의사소통 경험을 지원하는 데 필수적인 내용을 포함한 교재가 예비보육교사에게 제공되어야 한다.

2019 개정 누리과정과 제4차 어린이집 표준보육과정이 2020년부터 시행됨에 따라 개정된 국가 수준 공통 교육과정의 변화 내용을 이 책에 반영하였다. 구체적으로 제2부 영유아 언어지도의 제6장과 제7장 내용에 제4차 표준보육과정과 2019 개정 누리과정 의사소통 영역의 변화 내용을 포함하였다. 또한 제3부 영유아 언어지도의 실제에서는 영유아의 의사소통 경험 지원 사례를 개정된 의사소통 영역 내용범주별로 구체적으로 제시하였다는 점이 이 책의 가장 큰 특징이다. 이와 더불어 관련 동영상 자료를 직접 제작하여 QR코드로 제시함으로써 학습자의 이해를 돕고자 노력하였다.

영유아의 의사소통 경험을 지원하기 위해서는 이들의 언어발달에 대한 이해가 선행되어야 하므로 이 책의 목차를 제1부 영유아 언어발달, 제2부 영유아 언어지도, 제3부 영유아 언어지도의 실제로 구성하였다. 구체적으로 제1부는 제1장 영유아 언어발달의 기초, 제2장 영유아 언어발달의 이론, 제3장 영유아 언어발달의 과정, 제4장 영유아 언어발달의 평가, 제5장 영유아 이중언어 발달과 의사소통 장애로 구성하였으며, 제2부는 제6장 표준보육과정과 영아의 의사소통 경험, 제7장 누리과정과 유아의 의사소통 경험, 제8장 영유아 의사소통 경험을 지원하는 환경, 제9장 영유아 의사소통 경험을 지원하는 상호작용, 제10장 영유아 의사소통 경험을 지원하는 놀이 연계 활동, 제3부는 제11장 듣기와 말하기 지도, 제12장 읽기와 쓰기에 관심 가지기 지도, 제13장 책과 이야기 즐기기 지도로 구성하였다.

제4차 표준보육과정을 반영한 이 책의 내용이 영유아의 언어발달, 놀이 및 활동을 지원할 예비보육교사에게 도움이 되기를 바란다. 끝으로 이 책이 출판되기까지 많은 도움을 주신 학지사 김진환 사장님과 편집부 정은혜 과장님께 감사드린다.

2022년 3월

저자 일동

차례

제2부 **영유아 언어지도**

제3부 영유아 언어지도의 실제

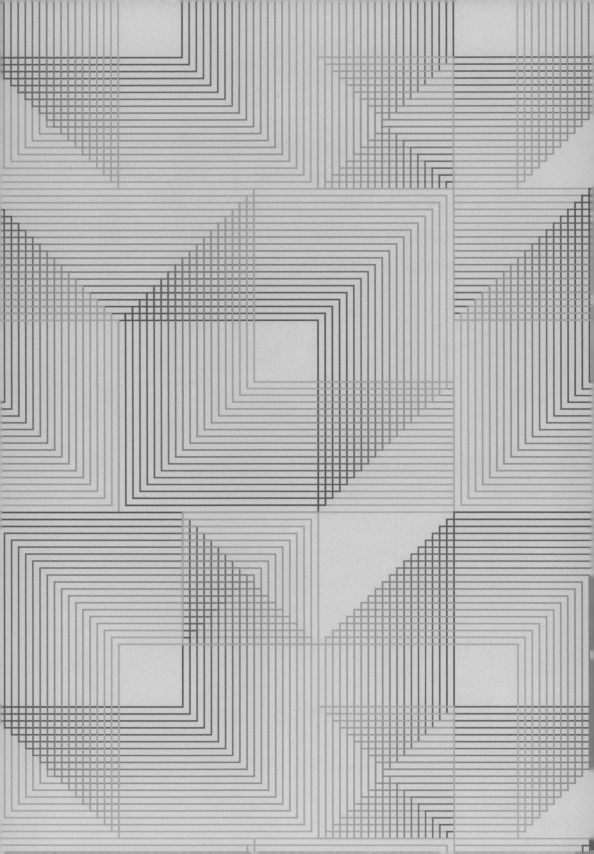

Part 1

영유아 언어발달

"(보드게임을 하며) 자기 땅이 넓은 사람이 유리하구나. 어떻게 알았어?" "그래야 다른 사람이 내 땅에 못 놓게 되거든요!" 유아들은 자신의 경험과 생각을 말로 표현한다

제1장
영유아 언어발달의 기초

1. 언어발달의 언어학적 기초

1) 언어의 구성요소

인간이 자신을 표현하거나 의사소통하기 위해 소리를 체계적이고 관습적으로 사용하는 것을 언어라고 한다(Crystal, 2018). 즉, 인간의 생각이나 느낌을 소리나 글자로 나타내는 수단이 바로 언어다. 매우 복잡한 체계인 언어를 쉽게 이해하기 위해 기능적 구성요소로 구분하여 살펴본다.

● 언어의 구성요소

출처: Owens (2020).

언어는 크게 형식(form), 내용(content), 사용(use)의 세 가지 구성요소로 구분된다(Bloom & Lahey, 1978). 형식은 소리와 상징을 연결하는 요소들을 포함하는데, 음운론, 형태론, 통사론이 여기에 포함된다. 의미론은 내용에, 화용론은 사용에 해당한다. 이처럼 언어의 기본적인 규칙체계는 음운론, 형태론, 통사론, 의미론, 화용론의 다섯 가지 구성요소로 구분된다.

● 음운론

음운론(phonology)은 말소리의 구조, 배치, 연결을 지배하는 규칙과 관련된다. 모든 언어에는 의미의 차이를 나타내는 말소리인 음소(phoneme)가 있다. 음소는 소리의 차이로 인해 서로 다른 의미를 나타내는 언어의 가장 작은 단위다. 예를 들어, 영어에는 약 44개의 자음과 모음이 있으며, 한국어의 경우에는 19개의 자음과 21개의 모음으로 구성된 40개의 음소가 있다. 이러한 음소들을 산출하는 데 있어서 규칙이 적용된다. 음운론 규칙은 언어에서 개별 음소가 산출되는 방식과 순서를 지배한다. 음소의 산출 규칙은 하나의 단어에서 특정 음소가 어떤 위치에 있는지에 따라 어떤 소리로 발음되는지를 알려 준다. 또한 음소의 순서 규칙은 어떤 음소가 다른 음소와 조합될 수 있는지를 알려 준다. 예를 들어, 한국어의 경우 자음만 연속적으로 산출될 수 없으며, 영어의 경우 'ring'에서 단일 음소로 간주되는 'ng' 소리는 단어의 처음에 위치할 수 없다.

> **음운론**
> 말소리의 구조, 분포, 순서를 지배하는 규칙에 관한 언어의 측면이다.

● 형태론

형태론(morphology)은 단어의 내적인 구성에 관한 언어의 구성요소다. 형태소는 의미를 전달하는 언어의 가장 작은 문법 단위이며, 하나 이상의 형태소가 모여서 단어를 구성한다. 형태소는 두 가지 유형으로 구분되는데 하나는 자립 형태소(free morpheme)이고, 다른 하나는 의존 형태소(bound morpheme)다. 자립 형태소의 예로는 책, 사람 등의 명사를 들 수 있고, 의존 형태소의 예로는 이, 가 등의 조사가 있다.

> **형태론**
> 언어의 내적인 구성 변화를 지배하는 규칙에 관한 언어의 측면이다.

● 통사론

통사론(syntax)은 문장의 형식과 구조를 지배하는 언어의 구성요소다. 통사론 규칙은 단어, 구, 절, 문장의 특성, 단어의 순서, 문장의 구조 등에 대해 다루며, 서술, 의문, 명령과 같은 기능에 따라 문장의 구성에 차이가 있다. 통사론은 문법적으로 가능한 단어 조합과 가능하지 않은 조합을 규정한다.

> **통사론**
> 단어의 순서, 문장 구성, 단어 관계를 지배하는 규칙에 관한 언어의 측면이다.

언어에 따라서는 어순이 자유로운 언어도 있지만, 어순의 규칙을 지켜야 하는 언어도 있다. 어순의 규칙을 지켜야 하는 언어 중 하나인 영어는 주어-동사-목적어(SVO) 어순으로 배열되지만, 한국어와 일본어는 주어-목적어-동사(SOV) 어순으로 배열된다. 이외에도 동사-주어-목적어(VSO) 어순으로 배열되는 언어도 있다.

● 의미론

의미론
단어와 문장의 내용이나 의미를 지배하는 규칙에 관한 언어의 측면이다.

의미론(semantics)은 단어와 단어 조합의 의미, 또는 내용을 지배하는 규칙체계다. 의미론은 사물이나 사건에 대한 지각, 인지, 사고와 언어 형태 간의 관계에 관한 내용을 다루는 영역이다. 언어에서 사용되는 단어나 상징은 실재(reality) 자체를 표상하기보다는 실재에 대한 개념을 표상하는 것이다. 문장은 개별 단어의 단순한 합 이상을 의미하므로 문장의 의미는 개별 단어의 의미보다 더 포괄적이다. 하나의 문장은 그 문장을 구성하는 단어만 표상하는 것이 아니라 문장 내 개별 단어들 간의 관계도 표상한다.

● 화용론

화용론
의사소통 맥락 내에서의 언어 사용을 지배하는 규칙에 관한 언어의 측면이다.

화용론(pragmatics)은 의사소통의 맥락 안에서 언어 사용을 지배하는 규칙을 의미한다. 즉, 화용론은 언어 구조에 관한 규칙보다는 언어 사용에 관한 규칙을 다룬다. 모든 언어적 발화는 화행(speech act)으로 불리며, 화행은 직접적인 화행과 간접적인 화행으로 구분된다. 직접적인 화행은 화자의 의도와 문장의 의미가 동일한 구문 형태로 사용된 경우(예: "창문을 열어라.")로 그 행위를 수행하라는 직접적인 명령이나 요구다. 반면, 간접적인 화행은 화자의 의도가 문장 안에 간접적으로 반영된 경우(예: "방 안이 너무 덥지 않니?")로 요구의 간접적인 표현이다(이차숙, 2005).

● 언어 구성요소의 상호의존성

음운론, 형태론, 통사론, 의미론, 화용론은 언어를 쉽게 이해하기 위해 각각의 영역으로 구분한 것이다. 언어는 이들 각 영역과 더불어 이들 간의 관계에 대한 내용도 포함한다. 언어를 사용하는 일차적인 목적은 자신의 의사를 상대방에게 전달하고 상대방의 의사를 자신이 이해하는 데 있으므로 화용론이 다른 언어 구성요소에 비해 더 중요한 요소다. 서로 의사소통하려는 의도는 언어의 내용이나 형식을 선택하기 이전에 존재하므로 일반적으로 언어학자들은 화용론이 언어를 전반적으로 조직하는 요소라는

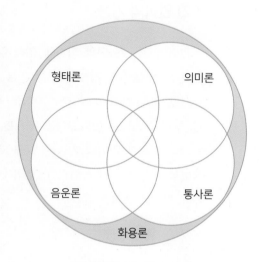

● 언어의 기능주의 모델

출처: Owens (2020).

점에 동의한다(Owens, 2020). 또한 언어 구성요소는 개별적으로 분리되어 각자의 역할을 담당하지만, 서로 유기적으로 밀접한 관련을 보이며 영향을 미치는 존재다. 즉, 언어의 모든 구성요소는 상호의존적이며 한 영역의 변화는 다른 영역의 변화를 초래한다.

● 언어의 구성요소

● 언어의 기능

2) 언어의 기능

언어의 기능은 여러 학자에 의해 다양하게 분류된다. 언어가 참조적 기능, 표현적 기능, 동기화 기능, 사교적 기능, 상위언어적 기능, 시적 기능을 담당한다고 제시한 학자(Jakobson, 1968), 사회적 욕구의 주장, 통제, 정보 제공, 예측 및 추론, 투사의 기능을 담당한다고 제시한 학자(Stabb, 1992)가 있다. 할리데이(Halliday, 1973)가 제시한 언어의 기능은 일곱 가지로 구분되며, 도구적 기능에서 시작하여 정보적 기능으로 발달해 간다. 할리데이가 제시한 언어의 기능은 다음과 같다(한유미, 김혜선, 권희경, 2022).

● 도구적 기능

언어의 도구적 기능(instrumental function)이란 인간이 자신의 욕구를 충족시키기 위한 수단으로 언어를 사용하는 것이다. 특히 유아의 경우 생존을 위해 생리적 욕구를 충족시키기 위한 표현을 많이 사용함으로써 도구적 기능이 강조된다. 도구적 기능의 대표적인 예로는 광고를 들 수 있다.

● 통제적 기능

언어의 통제적 기능(regulatory function)이란 인간이 언어를 통해 자신과 타인의 감정, 태도, 행동을 조정하는 것이다. 이러한 조정 및 통제의 기능에 사용되는 언어에는 질문이나 비평이 포함되며, 교통표지판이나 판결문이 통제적 기능의 대표적인 예다.

● 상호작용적 기능

언어의 상호작용적 기능(interactional function)이란 인간이 사회적 관계를 형성하고 유지하기 위해 언어를 사용하는 것이다. 문자를 주고받는 행위, 이메일을 주고받는 행위 등이 상호작용적 기능에 해당한다.

● 개인적 기능

언어의 개인적 기능(personal function)이란 인간이 언어를 통해 자신의 감정, 태도, 생각을 표현하고 정체감을 인식하게 되는 것이다. 개인적 기능의 예로는 일기, 자서전과 같은 개인적 기록물이 있다.

● 발견적 기능

언어의 발견적 기능(heuristic function)이란 인간이 새로운 정보를 찾고 문제를 해결하기 위해 주위 환경을 탐색하기 위한 수단으로 언어를 사용하는 것이다. 유아가 호기심을 통해 자신이 궁금한 내용을 질문하거나 대답하는 경우가 이에 해당한다.

● 상상적 기능

언어의 상상적 기능(imaginative function)이란 인간이 상상의 세계를 창조하고 창의적인 활동을 실행하기 위해 언어를 사용하는 것이다. 유아의 경우 가상놀이 상황에서 주로 상상적 기능의 언어가 나타난다. 동시, 동화 등의 문학작품이 상상적 기능의 대표적인 예다.

● 정보적 기능

언어의 정보적 기능(informational function)이란 인간이 자신의 생각이나 정보를 다른 사람에게 표현하거나 전달하기 위해 언어를 사용하는 것이다. 사전, 전화번호부 등 정보를 제공해 주는 자료가 정보적 기능에 해당한다.

3) 언어의 유형

일반적으로 언어는 듣기, 말하기, 읽기, 쓰기의 네 가지 유형으로 구분된다. 이러한 네 가지 유형은 분류 기준에 따라 다시 음성언어(oral language)와 문자언어(written language), 수용언어(receptive language)와 표현언어(expressive language) 등으로 범주화된다. 먼저, 음성언어와 문자언어는 의미의 전달수단이 말소리인지 아니면 글자인지에 따라 분류된 유형이다. 음성언어는 청각적 방법에 의존하며 듣기와 말하기를 포함하며, 문자언어는 시각적 방법에 의존하며 읽기와 쓰기를 포함한다. 다음으로 수용언어와 표현언어는 의미 전달의 방향에 따라 분류된 유형이다. 수용언어는 상대방의 의사를 받아들이는 것으로 듣기와 읽기가 이에 해당하고, 표현언어는 자신의 의사를 나타내는 것으로 말하기와 쓰기가 여기에 해당한다.

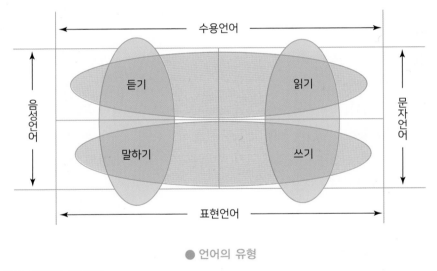

● 언어의 유형

출처: 한유미 외(2022).

2. 언어발달의 생물학적 기초

인간의 언어발달은 뇌와 밀접한 관련이 있으며, 뇌의 좌반구에서 주로 언어발달을 담당한다. 이 장에서는 언어발달의 생물학적 기초로서 뇌와 언어발달에 대한 연구방법, 뇌의 좌반구에 편재된 언어발달을 중심으로 살펴본다.

1) 뇌와 언어발달에 대한 연구방법

뇌의 오른편은 신체의 왼편을 통제하고 뇌의 왼편은 신체의 오른편을 통제하며, 신체의 오른편에 있는 감각기관으로 들어오는 정보는 좌반구로 들어가고 신체의 왼편 감각기관으로 들어오는 정보는 우반구로 들어간다. 이를 반대쪽 연결회로라고 한다. 이처럼 좌반구와 우반구는 반대쪽 연결회로로 신체의 반대쪽과 연결되고, 뇌량으로 연결되어 서로 정보를 전달한다. 뇌의 좌반구와 우반구가 뇌량으로 연결되어 있고, 신체와 뇌가 반대쪽 연결회로로 연결되었다는 점을 전제로 하여 뇌와 언어발달의 관계에 대한 몇몇 연구방법이 제시되었다(Hoff, 2016).

반대쪽 연결회로
뇌와 신체를 연결하는 주된 회로가 뇌의 각 반구로부터 신체의 반대편으로 연결된다는 인간 신경계의 특질이다.

뇌량
뇌의 좌반구와 우반구를 연결하는 신경섬유 다발이다.

● 사건유발전위(ERP)

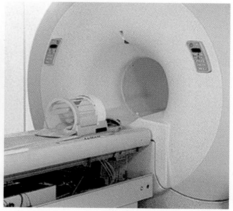

● 기능적 자기공명영상(fMRI)

먼저 뇌가 손상된 환자를 대상으로 손상된 뇌의 부위가 담당하는 기능을 파악하는 연구방법과, 뇌는 손상되지 않았으나 뇌량이 절단된 분리 뇌 환자를 대상으로 각 반구의 기능을 살펴보는 연구방법이 실시되었다.

사건유발전위
두피에 전극을 올려놓고 제시된 자극을 지각하거나 반응할 때 뇌에서의 전압 흐름을 기록하여 제시된 자극을 뇌의 어느 부위에서 처리하는지를 알아보는 데 사용한다.

기능적 자기공명영상
뇌가 활동하는 동안 소모되는 산소의 양을 측정해 영상으로 나타내는 장비다.

이와 달리 뇌가 손상되지 않은 성인을 대상으로 반대쪽 연결회로가 같은 쪽 연결회로보다 더 우세한지를 살펴본 이분청취 과제도 대표적인 연구방법이다. 이와 더불어 실제 활동 중인 정상 뇌의 두피에 전극을 꽂아 표면 밑에서 발생하는 전기활동을 탐지하는 사건유발전위(ERP) 방법도 있으며, 최근에는 다양한 뇌영상 기술이 발달하여 과제를 수행할 때 뇌의 특정 부위가 어떻게 활성화되는지를 직접적으로 보여 주는 양전자방출 단층사진촬영(PET scan), 기능적 자기공명영상(fMRI) 방법이 있다. 이처럼 뇌의 각 부위에서 담당하는 기능을 신경언어학적 연구방법을 통해 살펴봄으로써 언어발달을 담당하는 뇌의 부위가 좌반구임을 확인할 수 있다.

2) 뇌의 좌반구와 언어발달

최근까지 많은 연구를 통해 언어발달은 인간 뇌의 좌반구에서 주로 담당한다는 사실이 규명되었다. 이처럼 우반구가 아닌 좌반구에서 주로 언어발달을 담당한다는 사실은 뇌손상 환자, 분리 뇌 환자, 정상 성인을 대상으로 연구한 결과를 통해 규명되었다(Hoff, 2016).

먼저 뇌에 손상을 입은 환자를 대상으로 이들의 언어발달에 이전과 다른 어떠한 변화가 나타나는지를 살펴본 결과, 좌반구에 손상을 입은 환자는 실어증으로 인해 언어 사용에 어려움을 겪는 반면, 우반구에 손상을 입은 환자의 경우에는 실어증 증상 없이 정상적인 언어발달을 보였다. 이러한 결과는 좌반구에서 언어발달을 담당한다는 사실을 뒷받침하는 예다.

다음으로 좌반구와 우반구를 연결하는 뇌량이 절단된 환자를 연구한 결과, 오른쪽 시야에 있는 사물의 명칭은 언어로 표현할 수 있으나 왼쪽 시야에 있는 사물의 명칭은 언어로 표현하지 못하고 왼손으로 그릴 수 있었다. 즉, 반대쪽 연결

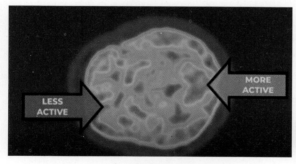

● MRI, PET scan, fMRI의 개념과
특징에 대해 설명하는 영상

● PET scan의 활용방법에 대한 설명과
뇌의 활동성을 보여 주는 영상

● fMRI의 작동원리와 과제 수행 시 뇌의
활성화 영역을 보여 주는 영상

회로에 의해 신체의 왼쪽 감각기관을 통해 우반구로 들어온 시각적 정보가 뇌량의 절단으로 인해 좌반구로 전달되지 못함으로써 나타난 결과로 해석된다. 이역시 좌반구가 언어발달과 관련이 많음을 보여 준다.

이분청취 과제
2개의 청각 자극을 오른쪽 귀와 왼쪽 귀에 동시에 제시하여 청자가 두 자극 중 어떤 자극을 먼저 지각했는지에 근거하여 그 정보를 처리한 대뇌 반구가 좌반구인지 우반구인지를 추론하기 위한 실험이다.

환자들을 대상으로 연구한 결과와 더불어 정상 성인을 대상으로 오른쪽 귀와 왼쪽 귀에 각각 다른 소리를 동시에 들려준 후 어느 소리를 먼저 들었는지 물어보는 실험을 실시하였다. 다수의 참여자가 왼쪽 귀에 들린 소리보다 오른쪽 귀에 들린 소리를 먼저 들었다고 응답하였다는 결과를 통해 오른쪽 귀 우세 현상이 나타남을 알 수 있었다. 이러한 오른쪽 귀 우세 현상은 오른쪽 귀로 들어온 소리는 좌반구로 직접 전달되는 반면, 왼쪽 귀로 들어온 소리는 우반구를 거쳐 좌반구로 전달되기 때문에 나타난 현상이다. 이분청취 과제를 통한 오른쪽 귀 우세 현상 역시 인간의 언어발달은 좌반구에서 담당하고 있음을 보여 준다.

오른쪽 귀 우세 현상
오른쪽 귀에 제시되는 언어적 자극이 왼쪽 귀에 제시되는 언어적 자극에 비해 청자에 의해 지각될 확률이 상대적으로 더 큰 경우를 말한다.

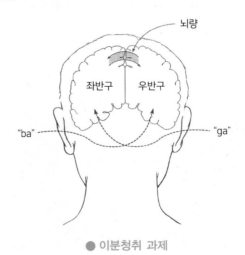

● 이분청취 과제

출처: Hoff (2016).

3. 언어발달 연구의 목적 및 역사

1) 언어발달 연구의 목적

영유아기 언어발달 연구는 다양한 학문 분야의 전문가들에 의해 이루어지고 있다. 예를 들어, 발달심리학자들은 영유아가 언어를 획득해 가는 과정을 규명하기 위해 언어발달을 연구하고, 언어학자들은 언어의 본질을 밝히기 위해서, 그리고 언어병리학자들은 언어장애의 원인을 규명하여 이를 치료하기 위해 언어발달을 연구한다. 다양한 연구자가 자신의 관심 영역에 따라 영유아의 언어발달을 연구하는 만큼 언어발달의 연구 목적은 다양하다. 이처럼 다양한 언어발달 연구의 목적은 크게 두 가지 목적으로 구분된다. 하나는 영유아가 언어를 습득하는 과정을 규명하는 기초 연구 차원의 목적이고, 다른 하나는 영유아를 교육하거나 언어장애를 치료하고 외국어를 학습하는 응용 연구 차원의 목적이다. 기초 연구 차원에서는 대규모 언어표본을 통해 연령별 언어발달 지표를 규명하였고, 이러한 기초 연구 차원에서 이루어진 언어발달 연구결과를 토대로 영유아의 언어발달을 지도하고 교육하는 프로그램을 구성함으로써 응용 연구로서의 목적을 달성하고 있다. 또한 지적장애, 청각손상, 뇌손상 등의 다양한 장애를 가진 아동이 언어습득에 어려움을 보이므로 이들의 언어장애를 치료하기 위한 목적으로 언어발달 연구를 수행하고 있다. 언어교육 프로그램의 구성 및 언어장애 치료의 목적과 더불어, 모국어 이외의 언어, 즉 외국어나 제2언어를 습득하는 아동을 교육하는 목적 역시 응용 연구 차원에 해당한다(이순형 외, 2014).

언어발달 연구의 목적을 기초 연구와 응용 연구라는 두 가지 측면으로 구분하여 살펴보기는 하지만 이들 두 가지는 완전히 분리되기보다 서로 접목되는 지점이 있다. 즉, 정상적인 언어발달에 관한 정보는 언어장애를 가진 아동의 문제해결에 도움이 된다.

2) 언어발달 연구의 역사

● 음성언어 발달 연구의 역사

인류가 처음으로 음성언어 발달에 관심을 보인 것은 고대 이집트로 거슬러 올라간다. 그리스 역사학자 헤로도투스(Herodotus)의 기록에 따르면, 이집트인이 최초의 인류임을 확인하기 위해 고대 이집트의 사메티쿠스(Psammetichus) 왕은 2명의 영아를 세상과 격리된 산 속에서 양치기가 키우도록 명령하였다. 그리고 영아들에게 한마디 말도 건네지 말도록 지시하였다. 그 이후 영아가 처음으로 산출한 말은 'becos'였는데, 이 말은 빵을 의미하는 단어로 이집트어가 아닌 다른 종족의 언어였다. 이러한 결과로 인해 사메티쿠스 왕은 이집트인이 최초의 인류가 아니라고 체념하였다. 이 실험은 과학적인 실험절차를 거치지는 않았지만 인간의 언어가 선천적인 능력일 수 있음을 암시한다(한유미 외, 2022).

빅터

1798년 겨울 프랑스 아베롱(Aveyron) 숲에서 야생 소년 빅터(Victor)가 발견되었다. 빅터는 인간 세상과 완전히 격리된 채 숲에서 성장하였으며 발견 당시 언어를 전혀 사용하지 못하였다. 많은 연구자들이 빅터에게 언어를 가르치기 위해 노력하였으나 이는 성공하지 못하였다. 이러한 결과는 언어발달에 결정적 시기가 존재한다는 증거로 제시된다(Hoff, 2016).

1800년대 후반에서 1900년대 초반 다윈(Darwin)과 일부 연구자들은 자기 자녀의 발달 과정을 기록한 일기를 작성하였는데, 이를 아기 전기(baby biography)라고 한다. 예를 들어, 다윈의 아들은 5개월경에 'da'라고 말했고, 음식을 의미하는 'mum'을 첫 단어로 산출하였다. 일부 연구자가 자녀를 대상으로 아기 전기를 기록함으로써 소수의 언어자료를 확보하였으나, 이는 언어발달의 부분적인 정보만 제공하였다.

다윈

제1차 세계대전 이후부터 1950년대 사이 실시된 언어발달 연구들은 주로 언어발달의 규준(norm)을 설정하고자 시도하였다.

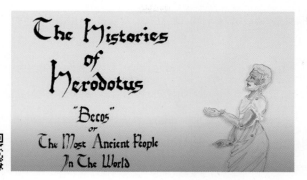

● 고대 이집트 사메티쿠스 왕의 언어 실험에 관한 내용을 보여 주는 영상

● 프랑스 아베롱 숲에서 발견된 야생 소년 빅터에게 언어를 가르치기 위해 노력한 과정을 보여 주는 영상

● 언어발달에 결정적 시기가 존재함을 보여 주는 대표적인 사례인 지니의 발견에서 언어 훈련 과정까지의 내용을 포함한 영상

즉, 아동이 말소리를 산출하는 시기, 연령별 습득 어휘의 크기 및 문장 길이의 변화 등에 대한 정보를 획득하기 위해 대규모의 자료를 확보하여 연구를 진행하였다.

1950년대 이후 언어습득에 관한 다양한 이론이 등장하면서 언어발달에 대한 과학적 연구가 시작되었다. 행동주의 이론과 인지발달 이론을 중심으로 언어발달을 설명하려는 시도가 이루어졌는데, 행동주의 이론으로는 인간의 언어발달을 설명하는 데 분명한 한계가 있음을 인식하게 되면서 인지발달 이론에 의해 언어발달 과정을 설명하고자 하였다. 최근에 등장한 연결주의, 병행 분산 처리 과정, 신경망 모델 등의 용어는 인간의 타고난 본성과 환경에 대한 경험 간의 상호작용을 강조함으로써 언어발달에 접근하고 있다(이순형 외, 2014; Hoff, 2016).

● 문자언어 발달 연구의 역사

문자언어 발달 연구는 성숙주의 읽기 준비도 관점에서 시작하여, 행동주의 관점의 준비도, 그리고 문해발달에 대한 발생학적 접근으로 변화되어 왔다.

먼저, 1920~1930년대의 성숙주의 읽기 준비도 관점은 발달을 생물학적 성숙의 결과로 본 게젤의 성숙주의 이론에 근거하였다. 성숙주의 읽기 준비도 관점은 읽기나 쓰기가 이를 받아들일 수 있을 만큼 성숙함에 따라 학습 가능한 능력으로 간주하고, 영유아가 이를 학습할 준비가 되었을 때 문자를 가르치는 것이 가장 효과적이므로 초등학교 입학 이전 시기에는 가르치지 않을 것을 권장하였다. 또한 이 관점에서는 읽기에 필요한 사전 기술을 갖출 때까지 읽기 교육은 늦춰야 하며 읽기를 위한 인지적·사회적·신체적 준비를 시키는 일이 더 중요하다고 여겼다. 읽기 교육에 있어서 성숙주의 준비도(maturational readiness)는 영유아가 자연스럽게 성숙할 때까지 기다린다는 것을 의미하며, 준비도 검사를 통해 영유아가 준비되었는지 아닌지를 판별하였다. 또한 쓰기 교육은 유아가 읽을 수 있는 능력을 충분히 갖춘 다음에 실시할 수 있다고 보았다. 쓰기에 필요한 기술을 먼저 습득한 이후에 쓰기 교육을 하는 것이 효과적이라고 주장하였다.

이러한 성숙주의 준비도 관점은 지속적인 연구를 통해 다양한 검사도구의 개발로 이어졌으며, 1950~1960년대 행동주의 이론이 대두될 때까지 읽기 교육의 주류를 형성하였다(한유미 외, 2022).

1950~1960년대 행동주의 이론 역시 성숙주의 이론과 마찬가지로 영유아의 읽기 준비도를 강조하였다. 성숙주의와 행동주의에서의 준비도 개념의 차이는 성숙주의에서는 생물학적인 성숙에 의해 준비된다고 주장한 반면, 행동주의에서는 다양한 경험을 통해 준비된다고 주장하였다(Durkin, 1966). 읽기 준비도에 대한 행동주의 관점의 영향으로 인해 조기교육을 찬성하는 입장이 강조되었으며, 유치원이나 초등학교에서 읽기 준비도 프로그램과 읽기를 위한 선행기술을 가르쳐야 한다는 주장이 지배적이었다(Teale & Sulzby, 1986). 준비도 관점에서는 성인과 동일한 수준으로 읽고 쓸 수 있는 관례적인 읽기행동이나 쓰기행동을 문자언어 발달의 기준으로 보았으며, 유아가 보이는 끼적이기, 책 읽는 흉내 내기 행동은 중요한 문해행동으로 여기지 않았다.

1980년대 이후 언어발달에 관한 사회언어학적 접근 및 상호작용 이론의 등장으로 인해 영유아의 문자언어 발달에 관한 견해에 변화가 나타났다. 즉, 영유아는 생애 초기부터 문자언어에 노출된 채 생활하고 있으므로 읽기발달이 매우 일찍 출현한다는 견해다. 문자언어 발달에 있어서 문자언어에 노출되는 과정 자체가 중요하므로 읽기 준비도 관점에서 제시하였던 읽기를 위한 준비도는 문자언어 발달에 필수적인 조건이 아니라는 견해가 바로 발생학적 문해발달(emergent literacy)이다. 이는 영유아의 읽기, 쓰기에 대한 새로운 관점으로 지지받았다. 발생학적 문해발달에서는 생애 초기부터 문해발달이 진행된다고 보았다. 또한 읽기와 쓰기는 상호 연결되어 발달하는 역동적이고 통합적인 과정으로 실제 일상생활의 장면에서 발생한다고 여겼다. 영유아의 읽기, 쓰기는 단순히 글자를 해독하여 읽거나 글자의 구조를 알아서 읽고, 쓰는 것을 넘어서는 차원이다. 따라서 영유아가 책에 대해 관심을 보이거나, 끼적이거나, 책이나 잡지 등을 들고 읽는 척하는 행동이 모두 읽기, 쓰기의 범위에 해당한다. 즉, 문해발달은 영유아의 생애 초기부터 발달하기 시작하며, 지속적인 사회적 상호작용을 통해 발달하므로 인지적·언어학적·사회문화적 맥락을 고려하여 다양한 경험을 제공해야 한다 (이차숙, 2005).

더 알아보기 **촘스키 혁명과 언어발달 연구**

　　1960년대에 들어서면서 아동의 언어발달에 관한 연구분야에 급격한 변화가 나타났다. 당시 MIT대학교의 젊은 언어학자인 촘스키(Chomsky)가 1957년 출간한 『통사구조(Syntactic Structure)』라는 저서가 이러한 변화의 원인으로 작용하였다. 촘스키는 언어습득기제(LAD)라는 개념을 제시하여 아동이 성인과 유사한 문법을 획득하는 과정을 설명하는 데 적용하였다. 이는 언어가 후천적인 관찰과 모방에 의해 습득된다는 기존의 행동주의자와는 다른 견해로, 인간은 태어나면서부터 이러한 기제를 가지고 태어남으로써 언어능력을 가진다고 보았다. 또한 촘스키는 언어수행을 중심으로 연구한 이전의 언어학자들과는 달리 언어능력이 언어수행에 선행하며, 모든 인간에게 언어능력은 선천적으로 내재되어 있음을 주장하였다. 촘스키는 문법에 초점을 두었고 1960년대 언어발달 연구는 아동의 문법발달을 위주로 진행되었다. 1970년대 후반 언어발달 연구의 영역은 보다 확대되어 화용론에 대한 관심이 증가하였고, 1980년대와 1990년대에는 통사론으로 관심이 되돌아갔다. 최근 언어발달 연구는 특정 영역에만 국한되기보다는 언어발달의 모든 영역에서 다양한 측면의 연구들이 지속적으로 진행되고 있다(Hoff, 2016).

더 알아보기   행동주의 관점에서의 읽기 준비도

행동주의 관점에서의 읽기 준비도란 읽기 과제를 제시할 때 쉬운 과제에서 어려운 과제의 순서로 배열하고, 각 단계의 과제에서 연습 기회를 적절하게 제공하면 충분히 성숙되지 않은 영유아도 읽기학습이 가능함을 의미한다. 단순히 영유아가 준비될 때까지 막연하게 기다리기보다는 읽기가 가능하도록 빨리 준비시키는 것이 바람직하다는 관점이다. 이러한 관점으로 인해 과거 진단 도구로 사용되던 '읽기 준비도 검사'는 읽기의 선행기술을 가르치는 훈련 도구인 '읽기 준비도 프로그램'으로 변화되었다. 성숙주의의 관점에서의 '준비도' 개념이 행동주의의 관점에서는 '준비도 가속화' 개념으로 변화된 것이다. 이러한 준비도 개념의 변화로 인해 시각적 변별력과 시각적 기억력 기르기, 청각적 변별력과 청각적 기억력 기르기, 글자의 이름과 소리 알기, 눈과 손의 협응력 기르기와 같은 취학 전 유아의 읽기 교육이 실시되었다. 또한 행동주의 관점에서의 읽기 준비도의 경우 쓰기보다 읽기에 우선적인 관심이 주어졌기 때문에 읽기가 능숙해진 이후에 쓰기 교육을 실시하는 것이 더 효과적이라고 보았다. 쓰기 교육도 읽기와 마찬가지로 본격적인 쓰기 교육을 하기 이전에 소근육 발달 도모하기, 눈과 손의 협응력 기르기, 쓰기 도구 사용법 알기, 기본 획 긋기, 글자 지각하기, 인쇄된 글자에 관심 보이기와 같은 준비도를 길러 주는 기술을 갖추는 것이 필수적인 조건이라고 여겼다(한유미 외, 2022).

"(교사가 고양이 인형을 안으며) 우리 고양이가 아파요. 의사선생님 계신가요?"
"(영아) 어디가 아파요? 주사는 아파요. 약 먹어요."

제2장
영유아 언어발달의 이론

1. 행동주의

1950년대에 지배적이었던 행동주의 이론에 의하면 환경의 영향, 즉 주변 사람들의 언어 사용의 양과 질, 의사소통에 대한 태도가 영유아의 언어발달에 영향을 준다. 주위 환경에서 제공된 언어모델이나 언어행동에 대한 모방과 강화가 언어습득에 중요한 역할을 담당한다. 행동주의자들은 인간의 언어행동을 문법 규칙에 대한 지식과 같은 정신적 과정에 근거하여 설명하기보다는 관찰 가능한 언어행동에 관심을 가졌다(성현란 외, 2001).

행동주의자들은 모방과 강화의 학습 기제를 통해 아동이 언어를 학습한다고 주장한다. 이들의 주장에 의하면 아동은 이해 가능하며 정확한 말을 발화했을 때 성인에 의해 강화를 받게 되고 그로 인해 그 말을 지속시킨다. 또한 아동은 자기가 들었던 문장을 단순히 모방함으로써 성인이 발화하는 문장과 유사한 문장을 산출한다. 행동주의 이론의 대표적인 학자인 스키너(Skinner)는 언어습득 과정에서 강화의 중요성을, 반두라(Bandura)는 모방의 중요성을 강조하였다.

1) 스키너

스키너

대표적인 행동주의자인 스키너는 인간의 언어학습 과정을 조작적 조건형성 과정으로 설명하였으며 '강화'를 언어학습 기제로 보았다. 인간의 행동은 연이어 발생하는 사건에 의해 수정, 변화되는데 이전 행동의 발생 확률을 증가시키는 사건은 강화자(reinforcer)이고, 이전 행동의 발생 확률을 감소시키는 사건은 처벌자(punisher)에 해당한다(Owens, 2020). 스키너는 인간의 언어행동을 관찰 가능한 환경조건(자극)과 언어행동(반응)과의 관계로 설명하였는데, 외부에서 주어지는 자극과 반응은 강화에 의해 연합된다. 특정 자극에 대한 반응은 그 반응에 대한

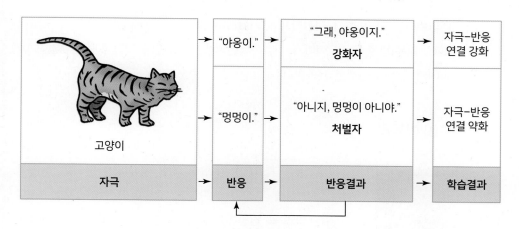

● 언어습득에 대한 행동주의 모형

출처: 이승복 역(2013).

보상이 제공되었을 때 강화되어 자극과 반응 사이의 연합을 강하게 해 준다.

예를 들어, '고양이'라는 자극에 대해 유아가 "야옹이."라고 반응할 경우, 성인이 "그래, 야옹이지."라고 강화시켜 주고 이를 반복하게 되면 '야옹이'라는 단어를 학습한다. 이처럼 강화 이론에서는 아동이 문법에 맞는 문장을 산출했을 때는 강화를 받고 문법에 맞지 않는 문장을 산출했을 때는 수정이 가해짐으로써 아동의 언어습득이 이루어진다고 주장한다. 하지만 강화를 유일한 언어습득 기제라고 볼 수는 없다. 왜냐하면 성인은 아동이 한 말이 문법적으로 맞는지 아닌지의

더 알아보기   **언어학습에 대한 고전적 조건형성**

아기가 배고플 때 우유를 주는 것(무조건 자극)은 아기의 배고픔을 해결하는 생리적 반응(무조건 반응)을 일으킨다. 우유를 줄 때 엄마가 "우유."라고 말하면(조건 자극), 이 말은 무조건 자극인 우유와 연합하게 되고, 충분히 연합되면 "우유."라는 말이 아동이 실제 우유를 먹었을 때와 유사한 생리적 반응(조건 반응)을 일으킨다. 무조건 자극인 우유는 "우유."라고 말하는 것을 강화해 주는 역할을 하게 되고, 이러한 과정을 통해 아동은 "우유."라는 단어를 학습한다(성현란 외, 2001).

여부보다는 그 의미가 적절한지에 기초하여 강화시키기 때문에(Brown & Hanlon, 1970), 아동이 한 말의 의미가 적절하다면 성인은 문법의 적합성에 관계없이 아동에게 긍정적 강화를 제공한다.

2) 반두라

반두라

반두라는 직접적인 강화에 의해 영유아가 단어를 학습한다는 스키너의 주장을 비판하고, 영유아의 언어습득에 '모방'이 주된 역할을 담당한다고 주장하였다. 이와 더불어 간접적인 강화를 통해서도 언어학습이 이루어진다고 보았다. 즉, 반두라는 영유아가 타인의 언어행동을 관찰하고 이를 모방함으로써 언어학습이 이루어진다고 주장하였다. 영유아의 경우 모델이 되는 대표적인 성인으로 부모를 들 수 있으며, 부모의 언어행동을 관찰하고 모방하여 언어행동을 학습한다. 예를 들어, 엄마가 출근하는 아빠를 배웅하며 "빠이빠이."라고 하는 말을 듣고 난 후, 영유아는 "빠이빠이."라고 엄마의 말을 모방한다. 또한 어린이집에서 또래가 교사에게 "~주세요."라는 공손한 표현을 사용하는 것을 들은 영유아는 유사한 상황에서 자신도 또래와 같이 "~주세요."라는 표현을 사용한다.

그러나 모방에 의해 언어학습이 이루어진다는 견해는 몇 가지 증거에 의해 반박되고 있다(성현란 외, 2001). 첫째, 아동은 성인이 하는 말을 그대로 따라 하는 것이 아니라 대부분의 경우 아동은 성인이 하는 말을 자기 나름대로 단순화시켜서 발화한다. 아동이 성인의 말을 그대로 따라 하는 것이 아니라 자신이 받아들일 수 있는 정보만을 산출한다는 것은 아동의 언어습득에서 모방의 역할을 약화시키는 증거가 된다. 둘째, 아동은 자신이 들어 본 적이 없는 단어나 문장을 산출하기도 한다. 예를 들어, 성인들은 주격조사 '이'와 '가'를 혼용하여 사용하는 경우가 거의 없기 때문에 아동이 "곰이가 낸내해."라는 문장을 들었을 가능성은 희박하다. 하지만 아동은 자기가 들어 본 적이 없는 이러한 문장을 말하기도 한다.

이처럼 아동이 들어 본 적이 없는 문장을 말하는 현상은 모방이라는 기제로 설명할 수 없다.

결론적으로 행동주의 이론은 사회 · 언어적 환경이 유아의 어휘를 확장시키고 문법 규칙을 획득하게 하는 중요한 요인임을 강조하였으나, 모방과 강화만으로는 복잡한 언어습득 과정을 충분히 설명할 수 없다는 점에 한계가 있다. 특히 행동주의 이론은 유아의 단어학습 과정에 대해서는 일부 설명한 반면, 문법발달 과정에 대해서는 거의 설명하지 못하였다.

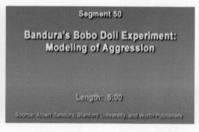

● 스키너의 스키너 상자 실험   ● 반두라의 보보 인형 실험

2. 생득주의

언어발달에 대한 행동주의 접근은 아동이 문법적 오류를 산출하는 이유를 설명하지 못한 점, 그리고 문법의 규칙성을 빠르게 파악하고 문법에 맞는 문장을 산출하는 이유를 설명하지 못한 점으로 인해 아동의 언어습득 과정을 제대로 설명하지 못하였다. 아동의 언어발달에 대한 행동주의 접근의 문제점은 언어습득에 대한 새로운 접근을 불러일으켰는데 이를 생득주의 이론이라고 한다.

1960년대의 대표적인 언어발달 이론인 생득주의 이론은 아동의 언어습득이 외부의 언어자극에만 의존하기보다 언어의 규칙을 추상화할 수 있는 생득적인 능력에 의존한다고 주장한다. 이처럼 아동의 언어습득 능력이 생득적이라는 주장은 언어습득을 이끄는 생물학적 능력이 선천적으로 아동에게 내재되어 있음을 가정한다(성현란 외, 2001). 생득주의 이론은 명확한 경험적 증거에 기초한 이론이라기보다는 가설적인 이론이지만, 문법발달에 대한 설명과 보편적인 언어발달 단계를 개념화하고 언어발달을 돕기 위한 '준비도' 활동을 제공하는 데 기여하였다(Machado, 2016). 생득주의 이론의 대표적인 학자로 촘스키(Chomsky)와 레너버그(Lenneberg)를 들 수 있다.

1) 촘스키

촘스키

생득주의 이론의 대표적인 학자 촘스키에 의하면 모든 인간은 선천적으로 언어습득장치(Language Acquisition Device: LAD)를 가지고 태어나며, 외부에서 언어자극이 입력되면 뇌의 이 장치를 통해 언어를 습득한다는 것이다. 모국어 습득은 이러한 타고난 언어능력으로 인해 가능하지만, 언어발달에 적합한 환경이 유아에게 제공될 경우에 언어습득장치가 제대로 작동한다(정남미, 2020).

촘스키(Chomsky, 1965)는 아동이 언어를 습득하도록 하는 생득적이고 생물학적인 언어기제를 언어습득장치라는 추상적 개념으로 설명하였다. 이 개념은 이후 보편문법(Universal Grammar: UG)이라는 개념으로 수정 · 보완되었다(Chomsky, 1981). 모든 인간에게 공통적으로 존재하는 보편문법은 일종의 생물학적 기제로서 뇌 구조의 일부라고 가정되며 원리(principle)와 매개변인(parameter)의 개념으로 설명된다. 즉, 보편문법은 모든 언어에 적용되는 원리와 언어 간의 차이를 설정해 주는 매개변인으로 구성되어 있다(Hoff, 2016). 이처럼 원리와 매개변인이 포함된 보편문법은 언어자극과 상호작용하면서 하나의 구체적인 언어형태로 구현되는데, 개별 국가의 언어적 특수성은 보편문법의 매개변인 값이 다르게 적용됨으로써 결정된다.

보편문법이 언어로 발현되기 위해서는 외부의 언어환경을 통해 언어자극이 제공되어야 하지만, 언어환경은 보편문법에 내포된 원리와 매개변인을 단순히

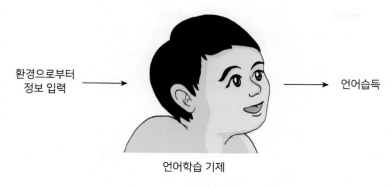

환경으로부터
정보 입력

언어습득

언어학습 기제

● 언어습득에 대한 생득주의 모형

출처: Hoff (2016).

촉매해 주는 역할을 담당할 뿐이다(성현란 외, 2001). 예를 들어, 미국으로 이민 간
한국인 부모의 자녀가 영어를 유창하게 사용하고, 한국에서 성장한 미국인의 자
녀가 한국어를 자연스럽게 말하는 것은 생물학적인 보편문법이 언어환경과 상호
작용하여 나타난 결과다. 결국 촘스키는 세상의 모든 언어에는 공통적인 문법구
조인 보편문법이 있고, 생득적인 능력에 의해 문장 변형 규칙을 적용함으로써 아
동이 문법구조에 맞는 적절한 문법 산출 능력을 가진다고 보았다. 결론적으로 생
득주의는 언어습득장치라는 개념이 너무 추상적이어서 객관적인 검증이 불가능
하다는 점, 그리고 언어습득에 대한 사회적 경험의 중요성을 간과했다는 점에서
비판받았다. 그럼에도 불구하고 행동주의의 한계를 벗어나 인간의 언어습득에서
타고난 측면이 있음을 강조함으로써 많은 공헌을 하였다. 특히
최근 뇌파 측정을 통해 언어발달에 관련된 뇌의 특정 부위가
있음을 밝히는 토대가 되었다.

레너버그

2) 레너버그

레너버그(Lenneberg, 1967)는 인간의 언어습득이 생물학적 성
숙과 관련되며, 언어습득에는 결정적 시기가 있다고 주장하였

다. 그는 언어습득이 타고난 능력임을 주장하였지만 촘스키보다 생물학적 입장을 더 지지하여 언어습득에 기반이 되는 생물학적 내용에 대해 더 많은 연구를 수행하였다. 그에 따르면 뇌, 신경, 구강 등 인간의 모든 신체구조는 언어습득에 적합하도록 형성되어 있으며 이로 인해 언어습득은 인간만 가능하다.

레너버그는 인간의 언어습득에 결정적 시기가 존재한다고 주장하였는데, 많은 학자가 이러한 언어발달의 결정적 시기가 6~7세 이전이라는 데 의견을 같이하고 있으므로 이 시기의 유아에게 주어지는 언어자극은 중요하다. 빅터, 지니 등의 사례는 언어발달에 결정적 시기가 존재함을 보여 주는 대표적인 예로, 이 시기에 언어자극이 충분히 제공되지 않을 경우 정상적인 언어발달이 불가능하다.

레너버그는 인간의 뇌에 언어발달을 담당하는 특정한 영역이 존재하고 이 영역이 분화되어 발달함으로써 언어능력이 향상된다고 보았는데, 좌반구와 우반구로 구분된 뇌에서 언어발달과 관련된 기능을 담당하는 영역을 좌반구라고 보았다. 이를 언어발달의 좌반구 편재화라고 한다.

더 알아보기   언어발달의 결정적 시기

언어발달에는 결정적 시기(critical period)가 있으며, 언어습득은 대체로 사춘기 이전에 이루어진다. 따라서 사춘기 이전에 언어자극에 노출되지 못할 경우 언어습득에 문제가 발생한다. 예를 들어, 1798년 프랑스의 아베롱 숲에서 발견된 빅터의 경우 특정 시기까지 언어환경을 접하지 못하였고, 이후의 집중적인 언어교육도 빅터의 언어를 정상적인 수준으로 회복시킬 수 없었다. 1970년에는 18개월에서 14세까지 타인과 접촉이 금지된 채로 자란 지니(Genie)의 사례가 보고되었다. 지니의 경우에는 색깔, 형태, 대상물, 자연 범주를 지칭하는 어휘는 습득할 수 있었지만 통사나 형태소 등은 충분히 습득하지 못하였다. 이러한 증거들은 언어발달에 결정적 시기가 있으며, 언어발달에서 생물학적 성숙요인이 중요함을 보여 준다(성현란 외, 2001).

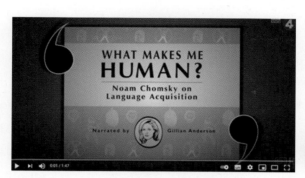

● 촘스키의
   언어습득 이론

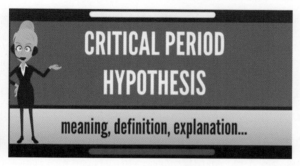

● 언어발달의
   결정적 시기 가설

● 피아제의
   인지발달 이론

● 비고츠키의
   사회인지 이론

3. 상호작용주의

　　1970년대 중반 이후부터 현재에 이르기까지 광범위하게 수용되고 있는 상호작용주의는 유전적 요인이나 환경적 요인 중 하나의 요인에 의해서만 언어발달이 이루어지는 것이 아니라, 언어발달을 유전과 환경에 의한 능동적인 지식 구성의 과정으로 본다. 이러한 측면에서 상호작용주의는 구성주의 이론으로 불린다(정남미, 2005). 상호작용주의 관점에 의하면 영유아의 언어습득은 의사소통을 하고자 하는 자신의 욕구, 풍부한 언어환경, 타인으로부터의 사회적·정서적 지지, 의미 있는 타자와의 사회적 상호작용을 통해 촉진된다. 상호작용주의 이론에서는 언어학습이 전적으로 강화나 모방에 의해 이루어지는 것도 아니고, 그렇다고 선천적인 언어습득장치에 의해 완전히 설명될 수도 없다고 주장하면서 유아 스스로 언어의 규칙을 발견하고 적용하는, 적극적이고 능동적인 학습 과정에 의해 언어가 습득된다는 점을 강조한다. 이 이론의 대표적인 학자인 피아제(Piaget)는 언어습득에 영향을 주는 주된 요인을 인지라고 제시하여 그의 이론을 '인지적 상호작용주의'라고 한다. 비고츠키(Vygotsky)는 사회적 맥락 내에서 아동의 사회적 경험이 내면화되는 과정으로 언어습득을 설명하여 그의 이론을 '사회적 상호작용주의'라고 부른다(이순형 외, 2010).

1) 피아제

피아제

　　인지적 상호작용주의의 대표적인 학자 피아제는 인간의 인지발달이 선행되어야 언어발달이 가능하다는 인지 우선론을 주장하였고, 아동의 언어발달이 자기중심적 언어에서 사회적 언어로 발달한다고 보았다.

　　피아제는 아동의 언어습득에 대해 행동주의자나 생득주의자 모두와 다른 입장을 취하였다. 아동이 복잡한 언어구조를 습득하게 되는 것은 생득적인 능력에 의해서도 아니고 학습에 의한 것도 아니라고 보았으며, 언어습득은 아동의 현재 인지 수준과 환경 사이의 끊임없는 상호작용의 결과라고 주장하였다. 또한 언어는 의도나 의미를 표현하기 위한 상징체계이고, 독립된 능력이 아니라 인지적 성숙의 결과로 나타나는 일반적인 인지능력 중 하나에 해당하므로 언어발달은 일반적인 인지 변화에 근거를 두고 진행된다.

피아제의 인지발달 단계에서 감각운동기는 언어가 나타나기 이전 단계로서 이 시기의 아동은 상징을 사용하지 못하고, 세계를 감각과 운동을 통해서 이해한다. 특히 이 시기의 아동들은 대상영속성 개념을 형성하지 못해서 대상이 자기 눈앞에서 사라지면 그 대상이 더 이상 존재하지 않는다고 생각한다. 감각운동기 말기에 아동은 대상이 자신의 눈앞에 없어도 존재한다는 사실을 알게 된다. 피아제는 감각운동기 말기에 완성되는 대상영속성 개념이 아동의 언어발달에 기초가 된다고 주장한다. 대상영속성 개념이 확립되면 아동은 눈앞에 존재하지 않는 대상을 인식하고 그것을 표상할 수 있다. 눈앞에 존재하지 않는 대상을 표상하기 위해 상징을 사용하고, 그 결과 아동은 첫 단어를 산출한다(성현란 외, 2001).

두 단어 조합의 언어발달 단계에서도 감각운동기에 성취한 인지능력이 반영된다(Brown, 1973). 아동이 사용하는 두 단어 문장은 대상과 사람 간의 의미적 관계에 대한 아동의 지각을 반영하고, 아동은 생물이 무생물에 어떤 행위를 가할수 있음을 알고, 이 개념을 상징과 연결한다. 이러한 두 단어 조합은 아동의 인지가 보다 정교화되면서 세 단어 이상의 조합으로 확장되고, 명사구, 동사구 등의 추상적 문법 범주들이 나타난다.

언어발달을 위해서 인지발달이 선행되어야 하지만, 언어발달이 인지발달에 필수적인 능력은 아니라고 주장한 피아제의 이론은 언어가 인지발달에 미치는 영향력을 과소평가했다는 점에서 비판받았다. 또한 피아제는 사회화된 언어의 출현이 전조작기를 지나 구체적 조작기가 되어야 가능하다고 주장함으로써 전조작기 유아의 언어습득과 사용에 대해 명확히 설명하지 못했다는 점에서도 비판받고 있다. 이처럼 피아제의 인지적 상호작용주의에 대한 비판은 수많은 후속연구를 불러일으켰으며, 특히 유아기 언어습득에 관한 최근 이론을 유발시키는 계기가 되었다는 점에서 의의를 가진다.

● 피아제의 인지발달 단계별 언어발달 특징

인지발달 단계	언어발달 특징
감각운동기 (출생~2세)	• 감각운동 경험을 통한 언어습득 • 한 단어 문장 위주 • 전보식 문장 사용
전조작기 (2~7세)	• 자기중심적 언어 사용(독백, 집단 독백) • 어휘의 급격한 증가
구체적 조작기 (7~12세)	• 사회화된 언어 사용(타인과의 관계 형성) • 타인과의 진정한 의사소통 가능

2) 비고츠키

비고츠키

사회적 상호작용 접근에서는 아동의 언어습득이 타인과의 상호작용을 통해서 이루어진다고 가정한다. 따라서 아동의 현재 문법 수준은 타인으로부터 아동에게 주어지는 언어자극과 상호작용한 결과로 나타난 것이다. 아동은 언어학습 상황에서 언어규칙을 찾아내는 생득적 경향을 가지고 있고, 환경은 언어발달에 필요한 언어경험을 아동에게 제공해 준다. 사회적 상호작용은 언어습득을 촉진시키고, 성숙한 사회적 상호작용을 도와주는 복잡한 상호작용을 통해 언어가 발달한다(성현란 외, 2001).

비고츠키의 사회적 상호작용주의에 의하면 언어발달은 생물학적 능력에 의해 이루어지기는 하지만 근접발달지대(Zone of Proximal Development: ZPD) 내에서 성인이나 자신보다 유능한 또래의 도움을 필요로 한다(Vygotsky, 1978). 현재 아동의 실제적인 언어발달 수준에서 성인과 유능한 또래의 도움, 즉 사회적 경험을 통해 발달할 수 있는 잠재적 언어발달 수준 간의 차이가 바로 언어능력에 대한 근접발달지대이다.

비고츠키는 언어와 사고가 근원이 서로 다른 상태에서 발생하여 독립적으로 발달하다가 2세경이 되면 사고의 언어화와 언어의 논리화가 이루어져 인지와 언어의 통합이 진행되면서 언어적 사고가 가능하다고 보았다. 비고츠키는 영유아의 언어발달이 초보적 언어에서 상징적 언어로, 상징적 언어에서 자기중심적 언어로, 자기중심적 언어에서 내적 언어의 순서로 진행된다고 주장하여 피아제와는 상반된 견해를 보였다(정남미, 2020).

영유아의 언어발달에 대한 사회적 상호작용주의의 기여점은 행동주의 이론에서 설명하는 것처럼 외부 환경의 자극에 전적으로 의존하는 수동적인 언어학습자가 아니라 환경에 대해 적극적으로 반응하는 능동적인 언어학습자로 영유아를 인식하게 하였으며, 언어학습 과정에서 사회적 상호작용의 중요성을 강조하였다는 점이다.

● 비고츠키의 언어와 사고 발달 단계

단계	특징
초보적 언어 단계 (출생~2세)	• 언어 이전의 인지 또는 인지 이전의 언어 단계 • 언어와 사고의 조작이 원시적인 단계
상징적 언어 단계 (2세경)	• 언어와 사고가 점차 결합되기 시작하는 단계 • 외적 언어, 사회적 언어가 나타나는 단계
자기중심적 언어 단계 (3~6세경)	• 언어와 사고가 본격적으로 결합되는 단계 • 독백, 자기중심적 언어가 나타나는 단계
내적 언어 단계 (7세경)	• 언어가 사고로 내면화되는 단계 • 내적 언어로 사고하는 단계

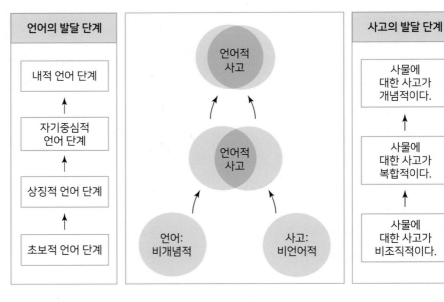

● 비고츠키의 언어와 사고의 관계

출처: 권민균 외 (2012).

4. 언어발달과 인지발달의 관련성

언어발달과 인지발달의 관련성에 대한 견해는 학자들에 따라 다양하다. 즉, 언어와 사고 중 어느 쪽이 먼저 발달하는지, 그리고 언어와 사고가 별개의 발달과정을 거치는지, 아니면 서로 밀접한 관련을 보이면서 영향을 주고받는지 등에 따라 언어와 사고의 관계에 대한 이론은 네 가지 모형으로 구분된다(Owens, 2020).

모형 A	언어는 사고에 의해 결정된다.

피아제는 언어발달이 인지발달에 의해 결정된다는 인지결정론, 인지선행설의 대표적인 학자다. 피아제는 인지적 지식이 단어 의미 획득의 기초가 되며, 인지와 언어는 서로 관련되어 있지만 인지가 지배적임을 강조하였다.

모형 B	사고는 언어에 의해 결정된다.

워프(Whorf)는 사고가 언어에 의존적임을 강조하여 언어결정론, 워프 가설을 주장하였다(성미영 역, 2021). 언어가 사고에 영향을 미친다는 언어결정론에 따르면 모든 고등 정신 과정은 언어에 의존적이라는 관점을 취하며, 특정 언어에 대한 어휘가 풍부할수록 사고발달 수준이 더 뛰어나다고 보았다.

모형 C	사고는 언어에 선행하지만 이후에는 언어의 영향을 받는다.

비고츠키는 사고가 언어에 선행하지만 이후에는 언어구조의 영향을 받는다고 주장하였다. 사고와 언어의 유전적 기원이 서로 다르며 발달 과정이 별도로 진행된다고 보고, 2세경에 사고와 언어발달 과정이 서로 영향을 미친다고 보았다. 발달의 초기에 사고는 비언어적이고 언어는 비인지적이다가 언어와 사고가 만나서 겹쳐지는 현상이 나타나는데 이를 언어적 사고(verbal thought)라고 명명하였다.

모형 D	언어와 사고는 독립적이지만 서로 영향을 주고받는다.

촘스키는 언어와 인지가 독립적인 능력이지만 서로 관련되어 있어 영향을 주고받는다고 주장하였다. 촘스키는 영유아가 인지능력을 완전히 획득하지 못한 시점에서 언어를 습득한다고 주장하면서 피아제의 인지결정론을 반박하고, 언어와 사고는 서로 관련되어 있지만 독립적인 영역이라고 결론지었다.

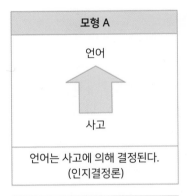

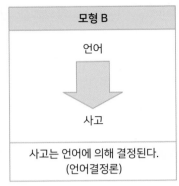

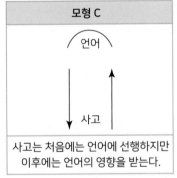

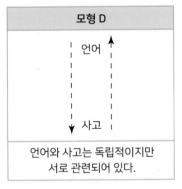

● 언어와 사고의 관련성에 대한 이론적 모형

출처: 이승복 역(2013).

홀소리 닿소리	ㅏ	ㅑ	ㅓ	ㅕ	ㅗ	ㅛ	ㅜ	ㅠ	ㅡ	ㅣ
ㄱ	갸	갸	거	갸	교	교	규	그	기
ㄴ	냐	냐	녀	녀	노	뇨	누	뉴	느	니
ㄷ	다	댜	더	뎌	도	됴	두	듀	드	디
ㄹ	라	랴	러	려	로	료	루	류	르	리
ㅁ	마	먀	머	며	모	묘	무	뮤	므	미
ㅂ	바	뱌	버	벼	보	뵤	부	뷰	브	비
ㅅㅇㅈㅊ
ㅋ
ㅌ

"나는 재미있는 놀잇감을 많이 줘서 편지에 고마워라고 쓸래요. 선생님 '놀'은 어떻게 쓰
"노를 먼저 쓰고 받침으로 ㄹ을 쓰면 돼!"

제3장
영유아 언어발달의 과정

1. 음성언어 발달 과정: 듣기와 말하기

1) 음운발달

영아가 주위의 다양한 소리를 구별하고 말소리를 산출하기 위해서는 소리를 들을 수 있는 청지각 능력의 발달이 선행되어야 한다. 영아는 출생 시부터 성인과 유사한 수준은 아니지만 말소리를 들을 수 있는 청지각 능력을 가지고 있으며, 출생 이전의 태아도 청지각 능력을 가진다. 예를 들어, 태어난 지 24시간이 지나지 않은 신생아가 다른 여성의 목소리보다 어머니의 목소리를 더 선호한다는 연구결과는 아기가 태내에서 이미 어머니 목소리에 친숙해져 있음을 보여 준다(DeCasper & Fifer, 1980).

생후 1년이 될 때까지 영아는 첫 단어를 산출하지 못하지만, 말소리를 내는 능력은 생후 1년 동안 지속적으로 발달한다. 언어 산출 이전에 영아가 보이는 발성의 발달은 반사적 울음에서 시작하여 목 울리기(cooing), 옹알이(babbling)의 단계

● 언어 이전 발성발달 단계

단계	시기	특징
반사적 발성	출생~2개월	• 울기, 트림하기, 재채기하기 등의 소리를 산출
목 울리기	2~4개월	• 만족하거나 행복할 때 내는 소리 • 하나의 긴 모음처럼 들림
주변적 옹알이	4~6개월	• 다양한 모음, 자음 같은 소리를 산출 • 발성을 일종의 놀이로 여기는 발성놀이기
중복 옹알이	6~9개월	• 표준 옹알이가 나타남 • 자음과 모음의 동일한 조합이 반복되는 형태
비중복 옹알이	10~12개월	• 자음+모음+자음을 연속적으로 연결하는 형태 • 비중복 옹알이에 운율이 첨가되어 알아들을 수 없는 말 산출

출처: Stark (1986).

를 거치며, 알아들을 수 없는 말(jargon)을 중얼거리는 단계를 지나 첫 단어를 산출한다(Stark, 1986).

생후 1년 동안 영아는 언어를 사용하기 위해 준비하며, 영아가 말을 하는 데 필요한 다양한 소리를 발음하는 능력이 발달한다. 이 시기에는 주로 말소리, 즉 음운발달이 활발하게 진행된다.

더 알아보기　　**영아의 말소리 지각 능력 측정방법**

　　고진폭빨기(high amplitude sucking) 기술은 영아에게 특정 소리를 반복적으로 제시하고 영아가 이 소리에 흥미를 보이지 않을 경우 다른 소리를 제시한다. 영아가 새로운 소리에 흥미를 가지면 영아가 이전의 소리와 새로운 소리를 구별할 수 있는 청지각 능력을 가지고 있다고 해석한다. 스피커를 통해 나오는 소리를 들을 때 고무 젖꼭지를 빠는 압력을 측정함으로써 영아의 흥미가 소거되었는지, 다시 유발되었는지가 결정되며, 이 방법은 4개월 미만의 영아를 대상으로 사용된다(Kuhl, 1987).

　　고개돌리기(head-turn) 기술은 5~12개월 영아를 대상으로 실시되는데, 심벌즈를 치는 장난감 원숭이와 같이 움직이는 장난감에 영아가 흥미를 느낀다는 점에 근거한 방법이다. 먼저 동일한 소리를 반복해서 들려준 다음 소리를 변화시키고, 소리가 변화될 때 장난감 원숭이가 출현하고 영아는 원숭이를 보기 위해 고개를 돌린다. 이러한 과정을 반복할 경우 영아는 소리의 변화가 생기면 장난감 원숭이가 등장하기도 전에 원숭이가 등장하는 방향으로 고개를 돌리게 된다. 이를 통해 영아가 새로운 소리를 이전의 소리와 구별하는 능력이 있음을 알 수 있다(성미영 역, 2021; Hoff, 2016).

---

2) 어휘발달

일반적으로 영아는 생후 10개월에서 15개월 사이에 첫 단어를 산출한다. 첫 단어를 사용하기 시작한 이후 몇 달 동안 영아는 단어를 천천히 획득하지만, 50단어를 획득한 시점을 기점으로 빠른 속도로 단어를 습득한다. 50단어를 획득하게 되는 시기는 15~24개월 사이이며 평균적으로 18개월경이다. 50단어 시기 어휘의 내용적 특징은 동사나 수식어에 비해 명사의 사용 비율이 압도적으로 높다는 것인데(Nelson, 1973), 이를 '명사 지배적 보편성'이라고 한다.

단어 급등
아동이 새로운 단어를 습득하는 비율이 급격하게 증가하는 현상으로 18개월경에 50단어 어휘를 습득한다.

50단어 획득 이전에는 1개월에 8~11개의 단어를 획득하다가 50단어 획득 이후에는 1개월에 22~37개의 단어를 알게 됨으로써 단어습득의 속도가 증가한다. 이처럼 단어습득의 속도가 급격하게 증가하는 현상을 어휘 폭발, 단어 급등(vocabulary spurt, word explosion)이라고 한다(성미영 역, 2021).

초기 어휘발달에서 영아가 사용하는 단어의 의미는 성인이 사용하는 단어의 의미와 차이를 보이는 경우가 많다. 이러한 현상을 '과잉확장(over-extension)' 또는 '과잉축소(under-extension)'라고 한다. 과잉확장이란 영아가 단어를 원래의 의미보다 더 넓은 의미로 사용하는 것으로, 네 발 달린 동물은 모두 '개'라고 부르거나 모든 성인 남성을 '아빠'라고 부르는 경우가 이에 해당한다. 과잉축소란 단어를 원래의 의미보다 더 좁은 의미로 사용하는 것으로, 치와와는 '개'라고 하지만 셰퍼드는 '개'가 아니라고 하는 경우가 이에 해당한다.

과잉확장
단어의 원래 의미보다 더 넓은 의미로 단어를 사용한다.

과잉축소
단어의 원래 의미보다 더 좁은 의미로 단어를 사용한다.

영유아 어휘발달의 경우 어휘발달 속도와 어휘발달 양식에서 개인차가 존재한다. 먼저, 어휘발달 속도에 영향을 미치는 아동의 개인적 요인으로는 음운 기억 능력, 성별, 성격을 들 수 있는데, 음운 기억 능력이 뛰어날수록, 남아보다는 여아가, 내성적 성격보다는 외향적 성격의 아동이 어휘발달 역시 빠르다.

어휘발달 속도에 영향을 미치는 환경 요인에는 어머니의 언어자극, 출생순위, 가정의 사회경제적 지위를 들 수 있는데, 어머니가 아동에게 하는 말의 양이 많을수록, 다른 출생순위보다 첫째로 출생한 경우, 부모의 교육 수준이 높을수록 아동의 어휘발달 역시 빠르다. 다음으로 영유아의 어휘발달 양식에서의 개인차를 보여 주는 대표적인 예로 '지시적(referential) 어휘양식'과 '표현적(expressive) 어휘양식'을 들 수 있다. 넬슨(Nelson, 1973)은 18명의 아동에 대한 종단연구를 통해 어휘양식을 범주화하였는데, 이 연구에 참여한 어머니들은 아기가 새로운 단어를 사용하기 시작한 시기와 그 단어가 사용된 맥락을 관찰하여 일기에 기록하였다.

넬슨이 이러한 방법을 사용하여 첫 단어부터 50단어 시기까지의 초기 어휘를 분석한 결과, 어휘양식의 개인차가 존재한다는 사실을 발견하고 이를 지시적 어휘양식과 표현적 어휘양식으로 명명하였다. 즉, 사물의 명칭을 많이 산출하는 경우 지시적 어휘양식으로, 사물의 명칭보다는 개인적-사회적 단어를 많이 산출하는 경우 표현적 어휘양식으로 구분한다.

아동이 새로운 단어의 의미를 학습하기 위해서는 분절 문제와 연결 문제를 해결해야 하는데, 분절 문제를 해결하고 나서 연결 문제를 해결해야 한다. 즉, 아동은 연속적인 말의 흐름 속에서 개별 단어를 먼저 구별할 수 있어야 하고, 이와 더불어 단어와 그 단어가 지시하는 바를 연결할 수 있어야 한다.

아동이 단어와 단어의 의미를 연결할 때 일반적으로 세 가지 가정에 근거하는

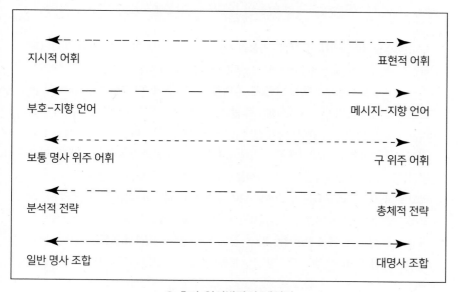

● 초기 언어발달의 개인차

출처: Gleason (2017).

데, 이를 초기 단어학습에 대한 제약이라고 부른다(Markman, 1994). 이러한 제약에는 온전한 대상 가정, 상호배타성 가정, 분류학적 가정이 있다. **온전한 대상 가정**은 단어가 사물의 일부나 특성이 아닌 사물의 전체를 지시한다고 가정하는 것으로, 아동은 '컵'이라는 단어가 컵의 색깔이나 손잡이, 모양 등을 의미하는 것이 아니라 컵 전체를 의미한다고 생각한다.

상호배타성 가정은 하나의 사물은 하나의 명칭을 가질 뿐이며 서로 다른 명칭을 하나의 사물이 동시에 가지지는 않는다고 가정하는 것으로, 아동은 '개'라는 이름이 붙여져 있으면 '소'라는 이름이 붙여질 수 없다고 생각한다. **분류학적 가정**은 사물을 범주화시켜 단어를 학습하는 것으로, 아동은 '개'라는 단어가 다른 개에게도 이름 붙여질 수 있지만 개 목걸이, 가죽 끈, 뼈와 같이 개와 주제적으로 관련된 사물에는 이름 붙여질 수 없다고 생각한다.

> **더 알아보기** | ## 단어학습에서 아동이 분류학적 가정을 사용한다는 증거
>
> 아동이 단어학습에서 분류학적 가정을 사용한다는 증거를 확보하기 위해 마크먼과 허친슨(Markman & Hutchinson, 1984)은 단어 조건과 비단어 조건을 사용하였다. 2~3세 아동을 대상으로 특정 그림(예: 강아지)을 제시한 후 이 그림과 주제적으로 관련된 그림(강아지 먹이)과 분류학적으로 관련된 그림(다른 종류의 강아지)을 보여 주고 비단어 조건과 단어 조건에서 각각 선택하도록 하였다. 먼저, 비단어 조건에서는 강아지 그림을 보여 주고 나서 다른 두 그림을 보여 주면서 "이것과 같은 것을 골라 봐."라고 말하였고, 단어 조건에서는 강아지 그림을 보여 주면서 "이것 봐. 이것은 서드(sud)야." 라고 말하였다. 그리고 다른 두 그림을 보여 주면서 "이 서드와 같은 서드를 골라 봐."라고 말하였다. 그 결과, 비단어 조건에서는 아동이 분류학적으로 관련된 그림을 59% 정도 선택한 반면, 단어 조건에서는 83% 정도 선택하였다. 따라서 아동은 새로운 단어와 그 단어가 지시하는 바를 연결할 경우 분류학적으로 관련된 사물을 지시한다고 이해한다.

3) 문법발달

일반적으로 아동은 18개월에서 24개월 사이에 단어를 조합하기 시작한다. 단어의 조합은 우연적 과정에 의해 이루어지기보다는 특정한 구조에 기초하여 이루어지므로 언어구조의 발달 또는 구문발달이라고 지칭한다(Hoff, 2016). 하나의 단어로 문장을 구성하는 단일어 시기를 지나면 단어와 단어를 조합하여 문장을 구성한다. 단어 조합은 두 단어 조합의 시기와 세 단어 이상 조합의 시기로 구분된다. 두 단어로 하나의 문장이 구성되는 시기를 이어문 시기라고 한다. 이어문 시기의 단어 조합은 특정한 관계에 기초한다.

브라운(Brown, 1973)은 두 단어 조합의 의미 관계를 여덟 가지로 제시하였고, 조명한(1982)은 한국 아동을 대상으로 의미 관계를 아홉 가지로 구분하였다. 예를 들어, '엄마 맴매' 'daddy sit'은 '행위자-행위'의 의미 관계에 해당하고, '엄마 밥' 'mommy sock'은 '행위자-목적'의 관계에 해당한다.

● 두 단어 조합의 의미 관계(영어)

의미 관계	예
행위자+행위	daddy sit
행위+목적	drive car
행위자+목적	mommy sock
행위+장소	sit chair
실체+장소	toy floor
소유자+소유물	my teddy
실체+수식	crayon big
지시하기+실체	this telephone

출처: Brown (1973).

● 두 단어 조합의 의미 관계(한국어)

의미 관계	예
행위자-행위	엄마 맴매, 해피 간다
목적-행위	빵 줘
행위자-목적	엄마 밥
장소-행위	여기 앉아
장소-실체/실체-장소	저기 새/사탕 여기
행위자-장소	아빠야 일루
소유자-소유	아빠 책/고모 거
실체-수식/수식-실체	고모 예뻐/무서운 아찌
지시하기-실체	요거 불

출처: 조명한(1982).

　　브라운은 자신이 관찰한 애덤(Adam), 이브(Eve), 새라(Sarah)의 언어자료와 다른 연구자들의 언어자료를 집대성하여 의미 관계를 분석하였다. 애덤, 이브, 새라를 대상으로 수집한 자료는 관찰자가 가정을 방문하여 아동과 양육자의 대화에 나타난 자발적 발화를 관찰한 후 전사한 것이다. 국내의 경우 조명한(1982)은 아동 5명의 자발적 발화와 비언어적 상황을 관찰하고 이를 일기 형식으로 기록한 자료를 토대로 두 단어 조합의 의미 관계를 분석하였다. 첫 단어 산출 시점부터의 자료를 단일어 시기, 두 단어 및 세 단어 이상 시기, 문법 표지 사용 및 복문 구성 시기의 3단계로 구분하였다. 이처럼 두 단어 조합에 나타나는 의미 관계를 파악하기 위한 초기 연구들은 주로 관찰법을 활용하였다.

전보식 문장
영아가 두 단어를 조합하여 문장을 구성할 때 전보를 치는 것처럼 조사와 같은 문법 형태소를 생략하고 명사, 동사와 같은 핵심적인 단어만 연결하여 문장을 구성하는 현상을 말한다.

　　유아는 일어문과 이어문 시기를 거쳐 세 단어 이상을 조합할 수 있게 된다. 2세경부터 세 단어 조합이 시작되지만, 세 단어 이상의 단어를 조합한 문장이 주류를 이루게 되는 시기는 유아기다. 유아기 이후 아동은 성인과 유사한 형태의 문장을 구사하게 된다. 유아기에는 영아기보다 문장의 길이가 증가하며, 전보식 문장(telegraphic speech)에서 발달

● 안 부정문 사용의 예

하여 문법 형태소를 첨가한다. 또한 영아기에는 지금-여기(here and now)에 관련된 긍정적 서술문 위주의 문장을 산출하고, 유아기에는 부정문과 의문문, 그리고 복문의 발달이 주도적으로 이루어진다.

부정문의 경우 1세 7개월경부터 사용하기 시작하고, 주로 부재(없어), 거부(싫어), 부정(아니야), 금지(안 돼), 무능(못)의 형태로 표현된다. 이 중 영유아는 '안' 부정문을 가장 많이 사용하는데, '안' 부정문은 부정의 의미뿐 아니라 거부, 금지의 의미로도 사용된다(한유미 외, 2022). '못' 부정문은 '안' 부정문보다 늦게 습득되고, '안' 부정문 사용에서 처음에는 '안'의 위치를 정확하게 사용하지 못해 위치상 오류가 나타나며, 이러한 오류를 거쳐 정확한 위치에 '안'을 사용하게 된다. 예를 들어, 한국어의 경우 영유아는 "안 밥 먹어." "안 날아가." 등의 잘못된 표현을 하며, 영어의 경우에는 'no' 또는 'not'을 문장의 처음이나 끝에 위치시키거나(예: No the sun shining), 조동사를 함께 사용하지 않는 오류를 보인다.

의문문의 경우 '예' 또는 '아니요'로 응답하는 의문문을 먼저 사용한다. 문장 마지막 단어의 억양을 올려서 표현하다가 의문형 어미(예: ~지?, ~까?, ~니?, ~냐?)와 의문사(예: 언제, 어디, 무엇, 어떻게, 왜)를 사용하여 의문문을 산출한다. 일반적으로 문장 내에 하나 이상의 절을 포함하는 복문은 문법형태소, 부정문이나 의문문과 같은 문장 형태가 발달한 이후에 나타난다. 일반적으로 복문은 접속문과 내포문으로 분류되는데 접속문의 초기 발달 단계에서는 접속사가 생략된 접속문이 나타나고, 이후 접속사가 포함된 접속문이 나타난다. 아동은 4세경에 다양한 복문을 사용하고, 복문을 자유롭게 사용하기 시작하면서 아동은 성인과 유사한 수준의 문장을 표현한다.

접속문
둘 이상의 구, 절이 접속사로 이어지는 문장으로, 둘이 나란히 배치되는 등위접속과 주절과 종속절로 배치되는 종속접속으로 구분된다.

내포문
하나의 구, 절이 다른 문장에 포함되는 문장을 의미한다.

더 알아보기 **선호적 보기 방법에 의한 영아의 언어 이해 능력 측정**

선호적 보기 방법(preferential looking paradigm)에서는 어머니의 무릎 위에 아동을 앉히고, 어머니 앞쪽에 두 대의 비디오 모니터를 설치한다. 이때 각각의 모니터로부터 어머니까지의 거리는 동일하도록 실험 상황을 설정한다. 비디오로 녹화된 화면이 제시되는 것과 동시에 중앙에 위치한 스피커를 통해 언어 메시지가 제시되고, 이에 따라 아동은 둘 중 하나의 화면을 보게 된다(예: 뽕뽕이가 짜잔이 형을 만지고 있는 장면 vs. 짜잔이 형이 뽕뽕이를 만지고 있는 장면). 숨어 있는 실험자는 아동의 눈동자가 바라보는 방향을 관찰하고, 지시에 따라 아동이 비디오 화면을 응시하는 시간을 기록한다. 이러한 연구방법을 통해 실시된 연구결과(Hirsh-Pasek & Golinkoff, 1993)에 의하면, 17개월 영아도 단어의 배열순서를 활용하여 다단어 문장을 이해함을 알 수 있다.

● 옹알이 단계의
  언어 사용 사례

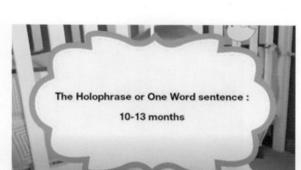

● 단일어 단계의
  언어 사용 사례

● 두단어 이상 단계의
  언어 사용 사례

● 아이는 어떻게
말을 배울까?

● 아이의 언어발달을
위해 필요한 것은?

● 어머니의 언어양식과
아동의 언어발달

4) 의사소통발달

의사소통발달은 아동이 다양한 의미를 표현하고, 타인과 의사소통을 하기 위해 단어를 사용하는 방법을 학습하며, 타인의 의도와 의미를 해석하는 것에 대한 학습 과정이다. 대략 8~9개월이 되면 영아는 의도를 파악하는 능력이 발달하기 시작한다. 예컨대, 특정 인물을 바라보고, 웃고, 만진다. 이러한 의도는 타인을 위해 메시지를 부호화할 때 나타난다. 상대방의 주의를 끌려는 시도는 몸짓과 같은 비언어 행동을 통해 의사소통의 형태로 나타난다(Owens, 2020). 이처럼 언어 이전 단계에서의 의사소통은 울음, 눈짓, 몸짓 등을 통해 이루어진다. 특히 영아는 보여 주기, 건네주기, 가리키기, 요구하기와 같은 표준 몸짓을 통해 자신의 의사를 표현한다.

공동 주의(joint attention)는 영아기 의사소통발달의 선행조건이다. 아동과 성인이 제3의 물체에 함께 주의를 기울이는 상태를 의미하는 공동 주의를 통해 영아는 다른 사람의 마음과 접촉하고 있음을 인식한다. 생의 초기 양육자와 아동의 상호작용에서 양육자가 보여 주는 반응적 행동은 의사소통발달의 기초

> **공동 주의**
> 아동과 대화 상대방이 동일한 대상이나 사건에 주의를 기울이는 것을 의미한다.

가 된다. 영아기 의사소통 능력에서 연구자들이 관심을 가진 분야 중 하나는 영아의 의사소통 의도다. 영아가 자신의 의도를 표현하기 위해 사용한 발화를 특정 의도를 중심으로 구분한 여러 연구(성미영, 2003; Wanska & Bedrosian, 1986)가 시도되었는데 의사소통 의도의 상위범주를 제공 의도와 요구 의도로 구분하였다.

유아기 의사소통 능력은 주로 또래나 성인과의 대화를 통해 형성된다. 이 시기의 특징적인 대화기술에는 대화의 규칙을 이해하고 대화 상대방의 발화 유형에 적절하게 반응하기, 대화를 시작하기 위해 새로운 주제 제시하기, 제시된 주제를 연속적으로 이어 가기 등이 있다(Hoff, 2016). 학령기 이전 유아의 성공적인 언어적 상호작용에 영향을 미치는 중요한 요인 중 하나는 대화가 발생하는 맥락이다. 따라서 학령기 이전 유아들이 특정 맥락에 대한 지식을 서로 공유할 경우

● 영아의 의사소통 의도 범주

의사소통 의도		개념(예시)
제공 의도	정보 제공	아동이 정보를 제공하거나 지속적인 상호작용을 설명하는 발화 ("이거 자동차야.")
	행위 제공	아동이 행위를 제시하면서 산출하는 발화 ("이렇게 해서 여기다 꽂으면 자동차가 돼.")
요구 의도	정보 요구	아동이 상대방으로부터 정보를 획득하고자 하는 발화 ("이건 뭐예요?")
	행위 요구	아동이 행위의 수행을 상대방에게 요구하는 발화 ("저기 있는 빨간 블록 주세요.")
	허용 요구	아동이 상대방으로부터 권한을 확보하려는 발화 ("다른 거 가지고 놀아도 돼요?")
	주의집중 요구	상대방이 아동 자신에게 주의를 기울이도록 요청하는 발화 ("엄마, 이것 좀 보세요.")
	명료화 요구	현재의 상태에 대해 아동이 상대방에게 확인을 요구하는 발화 ("정말 아저씨야?")

출처: 성미영(2003).

그렇지 않을 때보다 대화가 더 오래 지속되고 언어 사용 능력이 더 뛰어난 것으로 나타났다.

유아의 의사소통 능력에서 대화를 시작하고 유지하는 능력은 원만한 또래관계를 형성하고 유지하는 데 중요한 기술이다. 유아의 주제 수행 기술은 또래 간의 대화 상황을 관찰함으로써 측정되는데, 5세 유아를 대상으로 다양한 놀이 상황에서 나타난 주제 수행 기술을 관찰한 결과, 낯선 상황보다 친숙한 상황에서 유아의 주제 유지가 더 활발하게 진행되었다(성미영, 2002).

유아의 주제 수행 기술 관찰 절차

유아가 서로 마주 보고 앉아서 놀이를 진행할 수 있도록 매트 네 장을 정사각형 모양으로 바닥에 깔고, 필요한 놀잇감을 미리 비치한 다음 한 쌍의 유아를 관찰 장소에 데리고 온다. 한 쌍의 동성 유아가 관찰 장소에 들어오면, 관찰자는 이들에게 각 과제 상황에서의 놀이방법에 대해 설명해 주고(예: "이번에는 비행기를 타고 여행하는 놀이를 할 거예요. 비행기를 타고 여행할 때 어떤 일들이 일어나는지 얘기하면서 놀아요."), 놀이를 시작하도록 한다(예: "자, 그럼 지금부터 친구랑 같이 놀이를 시작하세요."). 관찰 첫째 날에는 네 가지 과제 중 두 가지 과제 상황에서 놀이를 하도록 하며, 하나의 과제 상황에서 놀이가 종료된 후 다른 과제 상황 놀잇감을 가지고 놀이를 시작하도록 한다. 관찰 둘째 날에도 동일한 방식으로 놀이를 진행한다. 이틀 동안 하나의 과제 상황별로 각 10분씩, 총 40분 동안 비디오로 유아의 놀이를 녹화한다. 비디오로 녹화된 모든 발화를 전사하고, 전사된 발화를 범주에 따라 부호화하여 그 횟수를 관찰표에 기록한다(성미영, 2002).

2. 문자언어 발달 과정: 읽기와 쓰기

문해력(literacy)은 글자를 읽고 쓸 수 있는 능력을 의미한다. 즉, 듣기, 말하기, 읽기, 쓰기 중 읽기와 쓰기 영역이 문해발달에 해당한다. 초등학교 입학 이전의 유아는 읽기와 쓰기에 능숙하지 않은 초보자이다. 이들은 주위의 다양한 인쇄물(print)에 제시된 글자를 통해 그 의미를 점차적으로 구성해 나간다(김명순, 신유림 공역, 2000). 읽기능력의 경우 2~3세경이 되면 많은 유아가 주변의 인쇄물로부터 그 의미를 구성하게 되고, 유아용 그림책을 통해 이야기의 의미를 구성하게 된다. 초기 문해발달 시기에 해당하는 유아의 경우 글자에 주의를 많이 기울이고, 자신이나 가족의 이름에 해당하는 글자를 알게 된다. 또한 읽고 쓸 수 있는 단어들이 생기며 자신이 써 놓은 단어를 반복해서 읽는다(이차숙, 2005).

1) 읽기발달

읽기(reading)는 글자나 단어를 보고 소리 내어 발음하는 해독(decoding) 과정과 글자에 의미를 부여하고 의미를 이끌어 내는 부호화(encoding) 과정을 동시에 포함한다. 문장 읽기는 문장에 대한 이해와 통찰력을 필요로 하며, 읽는 사람의 삶과 연결될 때 이러한 이해와 통찰력은 더 높아지고 문장에 대한 의미는 더욱 명확해진다. 따라서 읽기는 글자에 대한 의미를 부여하고 의미를 이끌어 내어 이해하는 과정으로 정의된다(Weaver, 2002).

영유아의 읽기행동이 출현하는 시기는 글자가 의사소통을 위한 수단임을 이해하고 글자를 해석하기 위해 읽기행동을 보이는 순간이다. 글자가 주는 의미를 영유아가 알고자 시도할 때 다양한 읽기행동이 나타나며 이를 통해 영유아의 읽기에 대한 이해의 수준을 파악할 수 있다(Morrow, 2020). 영유아의 읽기발달 수준은 성인의 읽기와 질적인 차이를 보이는데 주로 성인과의 책 읽기 활동을 통해 읽기가 발달하고, 부모가 신문, 잡지, 책을 보는 행동은 영유아의 읽기발달에 영향을 미친다. 글자놀이를 통해 일상생활에서 문자와 다양한 상호작용을 하고, 글자와 일상생활과의 관계를 경험함으로써 읽기능력이 발달한다(한유미 외, 2022).

● 맥기와 리치겔스의 읽기발달 단계

맥기와 리치겔스(McGee & Richgels, 1996)는 출생에서 8세까지의 시기를 네 단계로 나누어 읽기와 쓰기발달 단계를 구분하였다. 여기에서는 아동기에 해당하는 관례적 읽기 단계를 제외하고 영유아 시기의 읽기발달 과정을 중심으로 읽기발달의 시작 단계, 초보적 읽기 단계, 실험적 읽기 단계에 대해 살펴보았다(김명순, 신유림 공역, 2000).

• 읽기발달의 시작 단계(출생~2세)

영아의 읽기능력은 생애 초기부터 발달하기 시작하는데 일상생활에서 자연스럽게 읽기와 관련된 활동을 하면서 읽기행동에 대한 이해를 시작한다. 영아는 일상생활에서 주변 사람들이 문자를 활용하거나 문자와 상호작용하는 다양한 상황을 관찰한다.

예를 들어, 부모의 책, 신문, 잡지, 전단지 등 인쇄물 읽기, 자녀와 함께 책 읽기, 표지판·간판·TV 자막 등 읽기, 형제자매가 소리 내어 책 읽는 모습을 관찰한다. 이처럼 영아는 문자가 일상생활에서 기능하는 방식을 관찰하며, 이는 영아의 읽기발달을 위한 중요한 선행조건이 된다.

• 초보적 읽기 단계(3~5세)

초보적 읽기 단계의 유아는 자기가 좋아하는 과자 이름, 음식점 표시, 도로표지판 등에 있는 글자를 인식하게 된다. 이 시기 유아는 그림이 아니라 글자가 의미를 전달한다는 것을 알게 되고, 실제 물건이 존재하지 않아도 그림과 글자가 무엇을 상징하고 있는지를 이해하게 된다. 또한 이 시기의 유아는 책을 읽을 때 상황이나 맥락에 의존하여 읽고, 지속적인 읽기 활동을 통해 이야기가 전개되는 순서와 인과관계를 이해하고 이야기 내용을 추론한다.

• 실험적 읽기 단계(5~7세)

실험적 읽기 단계의 유아는 지속적인 읽기 활동을 통해 읽기행동에 대한 새로운 지식을 구성한다. 여전히 관례적 읽기 수준에는 이르지 못하지만, 이전 단계보다 훨씬 더 관례적 읽기 단계에 근접한다. 교사나 부모의 읽기행동을 관찰하고, 관례적 수준에 도달한 또래의 읽기행동을 관찰함으로써 유아는 철자와 소리가 서로 관련되어 있음을 알게 된다. 성인과 자신의 읽기행동에 차이가 있음을 인식한 유아는 읽고 싶지 않다는 의사표현을 하기도 하는데, 유아의 읽기행동을 촉진하기 위해 부모와 교사의 지속적인 지원이 필요하다.

● 슐츠비의 읽기발달 단계

슐츠비(Sulzby, 1985)는 2~5세 영유아에게 좋아하는 이야기책을 읽어 달라고 요청하여 나타난 반응을 통해 영유아 읽기발달 단계를 그림 중심의 읽기 단계와 문자 중심의 읽기 단계로 구분하였다. 그림 중심의 읽기 단계는 이야기가 형성되지 않은 읽기, 이야기가 형성된 읽기로, 문자 중심의 읽기 단계는 문자를 보지 않고 문어체로 읽기, 문자를 보며 부분적으로 읽기, 완전한 읽기로 범주화하였다(김은심, 조정숙, 2015).

● 슐츠비의 읽기발달 단계

단계		내용
그림 중심의 읽기	이야기가 형성되지 않은 읽기	그림 명명하기, 그림에 대해 말하기
	이야기가 형성된 읽기	그림을 보고 이야기 말하기
문자 중심의 읽기	문자를 보지 않고 문어체로 읽기	기억에 의존하여 줄거리를 문어체로 읽기
	문자를 보며 부분적으로 읽기	알고 있는 글자, 단어 중심의 부분적 읽기
	완전한 읽기	정확히 읽기

출처: Sulzby (1985).

더 알아보기   **유아 읽기행동의 특징**

읽기발달 과정에 있는 유아는 글을 읽을 때 삽입(예: 가지고 → 싸 가지고), 생략(예: 해바라기를 칭칭 감고 → ……를 …… 감고), 대치(예: 덩달아 → 덩달라), 반전(예: 해바라기는 → 해라바기는), 무반응의 읽기행동을 보인다(이문옥, 1997). 글을 읽을 때 시선의 움직임에 의해 필요한 정보를 선택하며, 글자 하나하나에 시선을 고정시켜 글을 읽는 것이 아니라 시선을 고정시켰다가 몇 글자씩 건너뛰며 읽기를 반복함으로써 글을 읽는다. 글을 읽을 때 글을 읽는 반대 방향, 즉 행을 오른쪽에서 왼쪽으로 읽거나, 페이지의 아래쪽에서 위쪽으로 거슬러 읽는 후행을 하는데, 후행을 많이 한다는 것은 읽기에 어려움이 있음을 의미한다(Smith, 2004).

● 영국 National Bookstart Week

● 한국 북스타트 10주년 홍보 영상

● 북스타트 공모전 출품작

● 이영자와 이종숙의 읽기발달 단계

　　이영자와 이종숙(1985, 1990)은 글자와 관련된 규칙의 이해발달과 상징적 기능의 이해에 초점을 두고 3~5세 한국 유아를 대상으로 책 읽기행동을 연구한 결과, 읽기발달 단계를 총 7단계로 구분하였다.

더 알아보기　　**북스타트 운동**

　　북스타트(Bookstart) 운동은 영국 버밍엄의 야들리 그린메디컬센터에서 시작되었다. 생후 7~9개월 영아를 대상으로 건강검진을 실시하고 청각에 이상이 없을 경우 아이의 부모에게 그림책과 독서안내 책자가 들어 있는 꾸러미를 선물한 것이 '북스타트 운동'이다. 300명의 부모와 간호사에게 북스타트 꾸러미가 제공되었으며, 버밍엄 대학교가 그 추이를 관찰한 결과, 북스타트 운동에 참여한 아동은 독서에 대한 습관, 도서관 이용 정도가 매우 높았다. 읽고 쓰는 능력과 수리능력 역시 참여하지 않은 아동에 비해 훨씬 앞선 것으로 나타났다. 어려서부터 책과 친해진 아기들은 책을 좋아하는 아동, 청소년, 성인으로 성장하며, 어려서부터 그림책과 이야기책을 가까이 하고, 이야기를 들려주는 가정에서 성장한 아동은 집중력이 높고 언어습득도 빠르게 진행된다. 북스타트 운동의 결과는 이를 입증하는 것으로 북스타트 프로그램에 참여한 아동은 참여하지 않은 아동에 비해 초등학교 학업성취도가 더 높았다. 북스타트 운동은 지금 한국, 캐나다, 일본 등 여러 국가로 확산되었다.

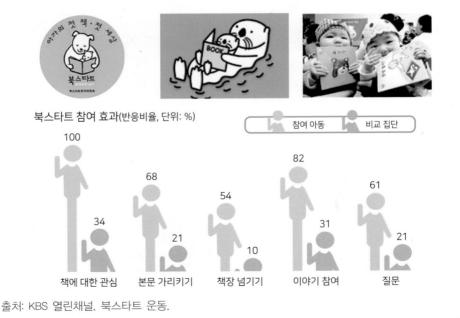

북스타트 참여 효과(반응비율, 단위: %)

참여 아동　　비교 집단

책에 대한 관심	본문 가리키기	책장 넘기기	이야기 참여	질문
100	68	54	82	61
34	21	10	31	21

출처: KBS 열린채널. 북스타트 운동.

● 유아의 읽기발달 단계(이영자, 이종숙, 1985, 1990)

1단계	읽기 이해 이전 단계
하위 1단계	• 말 없이 그림만 쳐다보는 단계 • "책을 읽을 줄 아니?"라고 물으면 반응을 보이지 않거나 고개를 끄덕임
하위 단계	• 그림을 지적하는 단계 • 책의 그림을 손가락으로 짚으며 지적함
하위 3단계	• 그림의 명칭을 이야기하는 단계 • 책의 그림을 보고 "강아지." "고양이."라고 말함
하위 4단계	• 그림에 대해 질문하는 단계 • 책의 그림을 보고 "이건 뭐예요?"라고 질문함
2단계	읽기에 대한 이해가 불가능하고 이야기 구성 능력이 없는 단계
	• 이야기 구성이 불가능하여 "난 못 읽어요."와 같은 의사표현을 하는 단계 • "책을 읽어 줄 수 있겠니?"라는 질문에 "난 못 읽어요."라고 응답하거나 가만히 있음
3단계	그림 보고 마음대로 말하는 단계
	• 그림을 보고 이야기를 마음대로 만들어 읽는 단계 • "얼룩말, 치타, 말은 친구예요."를 "얼룩말이 달려요, 치타도 달린대요."라고 말함
4단계	그림 보고 유사한 의미로 말하는 단계
	• 책의 그림을 보면서 의미가 유사하게 꾸며 읽는 단계 • "아기곰들이 의자에 앉아 있습니다."를 "아기 곰돌이가 있어요."라고 읽음
5단계	단어, 문장을 암기하여 말하는 단계
하위 1단계	• 책의 글자를 암기하고 단어, 구절을 사용하여 이야기하거나, 그림을 보고 단어, 구절을 암기하여 이야기하는 단계(50% 이하의 유사성) • "아름다운 강이 흐르고 있었어요."를 "강물이 흘러요."라고 읽음
하위 2단계	• 책의 글자를 암기하고 단어, 구절을 사용하여 이야기하거나, 그림을 보고 단어, 구절을 암기하여 이야기하는 단계(50% 이상의 유사성) • "무척 힘들겠구나. 어디 있는데요?"를 "무척 힘들지. 어디 있어요?"라고 읽음
6단계	읽기에 대한 이해는 가능하나 이야기 구성 능력이 없는 단계
	• 책의 글자를 보고 읽어야 함을 알지만, 글자를 읽을 줄 모른다고 의사표현하는 단계 • "그래도 네가 읽는 방법대로 읽어 줄래?"라고 하면 핵심 줄거리를 대략 요약해서 말함
7단계	글자를 읽는 단계
하위 1단계	• 글자를 보고 한 문장을 기준으로 똑바로 읽는 단계(25% 이하의 유사성) • 책을 보며 한두 개의 아는 글자를 읽는 단계("…에 …아기 …가 …다.")
하위 2단계	• 글자를 보고 한 문장을 기준으로 똑바로 읽는 단계(25~50% 이하의 유사성) • 책의 글을 부분적으로 읽는 단계("…에 아기 돼지 삼…가 …습니다.")
하위 3단계	• 글자를 보고 한 문장을 기준으로 똑바로 읽는 단계(50~75% 이하의 유사성) • 낱자로 글을 읽다가 아는 단어는 단어 전체를 읽는 단계("…말에 아기 돼지 삼형제가 살고 …니다.")
하위 4단계	• 글자를 보고 한 문장을 기준으로 똑바로 읽는 단계(75~100%의 유사성) • 읽는 소리를 듣고서 내용 파악이 가능하며, 대체로 정확하게 읽는 단계("옛날에 아기 돼지 삼형제가 살고 있었습니다.")

● 읽기발달_30개월 여아   ● 읽기발달_32개월 여아

● 쓰기발달_쓰기도구 잡기

● 쓰기발달_끼적이기   ● 쓰기발달_자발적 쓰기

2) 쓰기발달

쓰기(writing)는 점진적이며 보편적인 단계를 통해 발달하지만, 선형적 단계를 거치지 않는다. 즉, 쓰기발달은 한 단계의 발달이 완성된 이후 다음 단계로 진행하는 것이 아니라, 발달적으로 나타남을 뜻한다(이차숙, 2005). 쓰기가 발달적으로 나타난다는 것은 표준적 쓰기를 할 수 있는 영유아가 표준적 쓰기와 끼적이기를 동시에 표현하기도 한다는 것이다. 모든 영유아의 쓰기발달이 일관된 순서로 진행되지는 않으며, 때로는 순서가 뒤바뀐 채 두 가지 이상의 쓰기행동이 동시에 나타나는 경우도 있다. 창안적 글자 쓰기와 표준 글자 쓰기가 유사한 시기에 나타나거나, 단어 쓰기와 문장 쓰기가 거의 동시에 이루어지는 경우도 있다(정남미, 2020). 많은 연구자는 영유아가 글자를 쓰기 위해서는 눈과 손의 협응, 손과 손가락의 소근육 조작 능력이 원활해야 한다고 생각하였다. 그러나 일상생활 속에서 영유아의 쓰기행동을 관찰한 연구자들(Clay, 2015; Sulzby, 1985)은 영유아의 쓰기발달이 말하기나 듣기와 마찬가지로 자연스러운 과정을 통해 이루어진다고 주장하였다.

> **끼적이기**
> '글씨, 그림을 아무렇게나 자꾸 쓰거나 그리다.'라는 의미. 영어 scribbling에 대한 번역어로 끼적이기, 낙서하기 등으로 번역되어 사용된다.

> **창안적 글자**
> 음절 수나 음이 쓰고자 하는 단어와 관계없이 잘못 표기되었으나, 유아가 글자를 학습하는 과정에서 나름대로 음절 수와 음을 인식하면서 쓴 글을 의미한다.

● 맥기와 리치겔스의 쓰기발달 단계
맥기와 리치겔스(McGee & Richgels, 2012)는 쓰기발달 과정을 읽기발달 과정과 동일하게 쓰기발달의 시작 단계, 초보적 쓰기 단계, 실험적 쓰기 단계, 관례적 쓰기 단계로 구분하였는데, 여기에서는 아동기에 해당하는 관례적 쓰기 단계를 제외하고 영유아 시기의 쓰기발달 과정을 중심으로 살펴본다.

• 쓰기발달의 시작 단계(출생~2세)
영아는 종종 사인펜, 연필, 크레파스 등의 쓰기도구를 가지고 종이, 벽에 끼적임으로써 일상생활 속에서 자연스럽게 쓰기행동을 보이고, 다양한 쓰기 경험을 통해 영아는 쓰기와 그리기에 흥미를 느낀다. 영아는 처음에 손이 움직이는 대로 끼적이다가 시간이 지나면서 자신이 원하는 선, 원 모양을 만들기 위해 손의 움직임을 조절하게 되는데, 이 과정에서 일관성이 없는 끼적이기가 규칙성을 가진다. 영아는 때때로 자신이 쓰고 싶은 것을 성인에게 대신 써 달라고 요구하거나, 다른 사람이 쓰고 그린 것에 대해 설명해 달라고 하면서 다른 사람과 상호작용하는 수단으로 쓰기 경험을 활용한다. 영아는 쓰기를 통해 자신이 그리거나 쓴 것에 이름을 붙일 수 있음을 알고, 2세가 지나면서 그림이 상징임을 알게 된다.

• 초보적 쓰기 단계(3~5세)

초보적 쓰기 단계의 유아는 스스로 글자를 창조하고 의미를 부여함으로써 글자를 통해 의사소통하고자 시도한다. 극놀이 영역에서 음식점 놀이를 하는 유아가 자신이 개발한 글자로 주문서를 작성하는 경우를 예로 들 수 있다. 초보적 쓰기 단계에서는 정확하게 쓸 수 있는가보다는 유아가 쓰기를 통해 무엇을 전달하고자 하는지가 더 중요하다. 초보적 쓰기 수준의 유아는 자모음의 이름과 형태에 대한 지식이 발달하여 3세가 지나면서 자기 이름의 자음과 모음을 어려움 없이 쓸 수 있다. 이 시기에는 놀이와 연계한 다양한 쓰기 활동을 경험할 필요가 있는데 자신의 이름뿐만 아니라 부모나 형제자매의 이름 등을 쓰면서 유아는 여러 가지 자음과 모음의 이름과 형태를 쉽게 인식하게 된다. 또한 유아는 글자를 구성하기 위해서는 각 글자를 만드는 선과 모양의 규칙을 알아야 함을 이해한다. 초보적 쓰기 단계의 유아는 철자를 쓰기도 하고 쓰는 흉내를 내기도 하지만, 철자와 소리와의 관계를 명확하게 이해하지는 못한다.

• 실험적 쓰기 단계(5~7세)

실험적 쓰기 수준의 유아는 쓰기와 관련된 사전 지식을 재통합하여 새로운 지식을 구성한다. 일상생활에서의 쓰기 활동을 통해 유아는 새로운 쓰기 전략을 발전시킨다. 실험적 쓰기 단계에서 유아는 성인의 쓰기행동과 자신의 쓰기가 다르다는 것을 알게 되어 쓸 줄 모른다고 말하며 쓰기행동을 거부하기도 하는데, 이 경우 부모와 교사는 안내를 통해 쓰기 활동을 지원할 필요가 있다. 또한 스스로 단어를 발명해서 창안적 글자를 쓰거나 글자를 베껴 쓰기도 한다. 글자와 소리와의 관계를 이용하여 철자대로 쓰려고 노력하며, 단어를 쓸 때 단어와 단어 사이에 띄어쓰기를 시도한다. 초보적 쓰기 단계에서는 의미 전달을 더 중요하게 여겼기 때문에 정확한 철자 쓰기에 대한 인식이 부족하였으나, 이 단계에서는 글자를 정확하게 써야만 정확한 의미가 전달된다는 것을 안다. 끼적이기가 아닌 철자를 이용한 쓰기가 가능해졌으나, 아직 관례적 쓰기에 도달한 것은 아니다.

● 쓰기학습의 원리

원리	내용
반복	작은 동그라미, 선 모양을 줄을 따라 반복적으로 그린다.
생성	잘 읽거나 잘 쓸 수 있는 글자를 조합해서 반복적으로 쓴다.
기호	그림, 기호 등의 차이를 인식하고 종이 위에 정보를 표현한다.
융통성	한 번도 본 적이 없는 새로운 글자를 만들어 낸다.
방향성	왼쪽에서 오른쪽으로 쓰고 아래로 내려와서 왼쪽에서 오른쪽으로 쓴다.
띄어쓰기	단어 사이를 띄거나 띄기가 어려우면 단어 사이에 마침표를 찍는다.

출처: Clay (2015).

● 램의 쓰기발달 단계

램(Lamme, 1985)은 영유아 쓰기발달 단계를 전문자적 쓰기(prealphabetic writing) 단계와 문자적 쓰기(alphabetic writing) 단계로 구분하고, 각 단계를 하위 단계로 세분화하였다. 전문자적 쓰기 단계는 무질서한 끼적이기, 조절된 끼적이기, 끼적이기에 명명하기로, 문자적 쓰기 단계는 유사글자 및 글자 쓰기, 부분적으로 관례적인 글자 쓰기, 관례적인 쓰기로 범주화하였다.

● 램의 쓰기발달 단계

단계		내용
전문자적 쓰기	무질서한 끼적이기	불규칙하지만 분명한 선 표현
	조절된 끼적이기	직선(수직선, 수평선)과 동그라미 형태 표현
	끼적이기에 명명하기	글자, 그림 표상 가능
문자적 쓰기	유사글자 및 글자 쓰기	글자와 유사한 형태로 쓰기 시작
	부분적으로 관례적인 글자 쓰기	창안적 글자 쓰기 및 철자 쓰기의 오류 발생
	관례적인 쓰기	일정한 크기 및 성인과 유사한 수준의 글자

출처: 한유미 외(2022).

● 정남미의 쓰기발달 단계

정남미(2020)는 여러 선행연구(김은심, 조정숙, 2015; Jalongo, 2014; Sulzby, 1985)를 토대로 하여 영유아의 쓰기발달 단계를 구분하였다. 끼적이기 단계에서 시작하여 글자 형태가 나타나는 단계와 여러 줄의 글처럼 보이는 쓰기 단계를 거쳐 유아가 개발한 창안적 글자 쓰기 단계, 글자, 단어, 문장 쓰기의 단계로 쓰기발달이 진행된다. 끼적이기 단계는 다시 초기 끼적이기 단계, 조절된 끼적이기 단계, 끼적이기에 명명하기 단계로 구분된다. 또한 단어 쓰기와 문장 쓰기 단계는 불완전한 단어나 문장 쓰기 단계에서 완전한 단어나 문장 쓰기 단계로 발달한다.

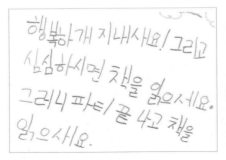

● 철자가 틀린 글자 쓰기

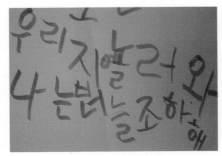

● 발음 나는 대로 쓰기

● 영유아의 쓰기발달 단계

1단계	초기 끼적이기 단계

- 18개월경 끼적이기가 처음 나타나며, 끼적인 내용이 무엇인지 알 수 없는 단계
- 쓰기 도구를 쥐고 끼적이는 행동은 옹알이처럼 의사소통을 시도하는 행동에 해당함
- 손과 팔을 움직이는 근육 운동과 반복 운동으로 움직일 때마다 나타나는 표시를 보고 만족감을 느낌

2단계	조절된 끼적이기 단계

- 쓰기 도구를 쥐고 조절하는 능력, 원하는 곳에 표시할 수 있는 능력을 발달시키는 단계
- 쓰기 도구의 조절능력 발달로 끼적이는 형태와 배치가 분명해지는 단계
- 조절된 끼적이기의 하위 단계는 수직선 출현, 수평선 출현, 원의 출현 순서로 발달함

3단계	끼적이기에 명명하기 단계

- 유아가 끼적인 것에 이름을 붙이며 나름대로 의미를 부여하는 단계
- 끼적인 것에 대한 명명하기가 이야기 짓기로 발전하는 단계
- 끼적이기 과정을 통해 유아는 쓰기에 필요한 지각적 운동 기술을 연습함

4단계	글자 형태가 나타나는 쓰기 단계

- 유아의 쓰기발달에 우연히 한두 개의 글자 형태가 나타나기 시작하다가, 점차 의도적인 글자 형태 쓰기가 나타나는 단계

5단계	여러 줄의 글처럼 보이는 쓰기 단계

- 여러 줄의 글(letter strings)을 쓴 것처럼 보이는 쓰기행동이 나타나는 단계

6단계	창안적 글자 쓰기 단계

- 인지적 사고 과정을 통해 언어규칙을 이해하고 창안적인 글자 쓰기를 하는 단계
- 한 글자가 전체 음절 또는 한 단어를 대표하거나, 한두 글자만 창안적으로 쓰는 행동이 나타나는 단계

7단계	글자 쓰기 단계

- 표준 글자 쓰기가 나타나는 단계

8단계	단어 쓰기 단계

- 크기가 불규칙한 글자가 나타나기도 하지만 글자의 크기가 대부분 일정한 단계
- 하위 1단계는 자모음의 방향이 틀리거나 받침이 틀린 불완전한 단어 쓰기 단계
- 하위 2단계는 완전한 단어 쓰기 형태가 나타나는 단계

9단계	문장 쓰기 단계

- 쓰기 원리에 대한 이해를 토대로 하여 정확한 문장 쓰기가 가능해지는 단계
- 하위 1단계는 부분적으로 틀린 글자가 있는 불완전한 문장 쓰기 단계

출처: 정남미(2020).

"코로나가 심해져서 오는 계획했던 공연이 취소되었습니다. 코로나 바이러스로 못 오게 되어 아쉽지만 코로나가 사라지면 다시 초대할게요."

제4장
영유아 언어발달의 평가

1. 영유아 언어발달의 평가: 관찰법

1) 관찰법의 개념 및 특성

영유아의 발달 수준을 영유아로부터 직접 알아보는 가장 대표적인 연구방법은 관찰법이다. 영유아의 발달을 평가하거나, 영유아의 행동을 이해하고자 할 경우 관찰법을 주로 사용한다. 영유아는 성인과 같은 수준의 언어능력을 획득하지 못한 상태이고 아직 언어발달이 진행되고 있으므로 자신의 발달 수준에 대해 질문지나 면접 등을 통해 자신의 의사를 표현하기 어렵다(Irwin & Bushnell, 1980). 특히 영유아의 언어발달 특성으로 인해 의사소통 능력과 같은 언어발달 수준을 측정하기 위해서는 관찰의 방법을 활용하는 것이 적합하다.

영유아의 일상적인 활동에 대한 관찰은 영유아에 대해 가장 정확히 파악할 수 있는 방법이다. 예를 들어, 영유아가 놀이 상황에서 보이는 언어적 상호작용을 통해 언어발달의 특성을 파악할 수 있다(Wortham, 2020). 관찰 상황에서는 수많은 사건과 행동이 발생하므로 관찰자가 중요한 사항을 간과하거나 중요하지 않은 사항에 주목하는 등 주의가 산만해져서 일관된 관찰이 어려운 경우도 발생할 수 있다.

2) 관찰법의 유형

관찰법은 일반적으로 자연관찰법과 체계적 관찰법으로 구분되는데(Cozby & Bates, 2020), 자연관찰법은 영유아가 자연스러운 상황에서 보이는 일상적인 행동에 대해 다양한 기법을 사용하여 자료를 수집하는 방법이고, 체계적 관찰법은 특정 상황에서 발생하는 구체적인 행동에 대해 상세하게 관찰하여 자료를 수집하는 방법이다. 또한 관찰자가 관찰 대상 집단에 직접 참여하는 참여 관찰법과 관찰자의 역할만 담당하는 비참여 관찰법으로도 구분된다.

3) 관찰기록방법

관찰한 내용을 기록하는 대표적인 방법에는 일화기록법, 사건표집법, 시간표집법, 체크리스트법, 평정척도법이 있다. 일화기록법은 영유아의 특정 행동에 대해 객관적으로 기술하는 방식으로 특정 영유아가 보이는 주목할 만한 행동을 설명하기 위해 사용되고, 관찰행동이 발생한 맥락을 포함하며 관찰 대상 영유아의 전형적인 행동이나 특이한 행동에 대해 기록한다.

시간표집법은 정해진 시간 동안 특정 행동의 발생 빈도를 기록하는 방식으로 관찰 대상행동, 관찰 실시 시간 간격, 1회 관찰 시간을 결정하여 관찰하는 방법이고, 관찰자는 정해진 시간 동안 대상행동만을 관찰하며 동일한 시간에 발생한 다른 행동은 무시한다.

사건표집법은 관찰 대상행동이 특정 상황에서 발생하거나 빈번하게 발생하지 않을 때 사용하는 방식으로 행동의 원인과 결과를 파악하기 위해 사용되고, 관찰자는 대상행동이 일어날 가능성이 높은 때가 언제인지를 알고 그 행동이 발생하기를 기다린다.

체크리스트법은 범주별로 나열된 일련의 행동목록을 대상으로 관찰자가 행동의 발생 여부를 기록하는 방식이다. 관찰 대상행동이 범주화되어 있을 경우 체크리스트를 활용하면 관찰행동을 신속하게 기록할 수 있다.

평정척도법은 발생한 행동의 정도를 기록하는 방식으로 숫자를 사용하는 방식(예: 1, 2, 3, 4, 5 중에서 선택)과 도식적인 방식(예: 전혀 그렇지 않다, 그렇지 않다, 보통이다, 조금 그렇다, 매우 그렇다 중에서 선택)이 많이 사용된다.

4) 관찰법을 활용한 언어발달 평가

영아의 어휘발달에 관한 많은 연구는 어머니가 자녀의 어휘를 관찰하고 기록한 언어자료에 근거한다. 어휘양식을 범주화하기 위해 영아 18명을 종단적으로 연구한 넬슨(Nelson, 1973)의 연구에 참여한 어머니들은 영아가 새로운 단어를 사용하기 시작한 시기와 그 단어가 사용된 맥락을 관찰하여 기록하였다. 이러한 방법을 사용하여 넬슨은 첫 단어부터 50단어 시기까지의 어휘발달 과정을 분석하였다. 그 결과 어휘양식의 개인차를 발견하여 지시적 어휘양식과 표현적 어휘양식으로 명명하였다.

어머니가 영아의 어휘를 관찰하여 기록하는 것과 더불어 어머니와 영아 간의 대화 상황을 연구자가 관찰하여 영아의 어휘발달을 살펴봄으로써 언어발달을 평가한 사례도 있다. 니니오(Ninio, 1995)는 어머니와 영아의 대화 상황을 관찰하고 이를 녹화하여 이러한 대화 상황에서 영아가 사용한 어휘를 단일단어 어휘(단일어 발화에서의 어휘)와 다단어 어휘(여러 단어 발화에서의 어휘)로 구분하였다. 이를 통해 영아의 어휘 크기를 측정하고 어휘 급등 시기에 영아의 어휘와 의사소통 의도와의 관련성을 살펴보았다.

영아기 구문발달은 단일어 시기에서 단어 조합 단계로의 변화에 초점을 둔다. 특히 두 단어 조합에 나타난 관계적 의미를 파악하기 위한 초기 연구들은 관찰법을 주로 활용하였다. 예컨대, 브라운(Brown, 1973)은 자신이 관찰한 애덤, 이브, 새라의 언어자료와 다른 연구자들의 언어자료를 집대성하여 관계적 의미를 분석하였다. 애덤, 이브, 새라를 대상으로 수집한 자료는 관찰자가 개별 가정을 방문하여 아동과 양육자 간 대화에 등장한 자발적 발화를 관찰한 후 전사하여 사용되었다.

2. 영유아 언어발달의 평가: 검사도구

1) 영아 언어발달 검사도구

영아를 대상으로 실시 가능한 언어발달 관련 검사도구로는 영유아 언어발달 검사, 수용-표현언어 척도, 초기언어 지표 검사, 의사소통발달 검사, 의사소통 및 상징행동 평가척도가 대표적이다.

● 영유아 언어발달 검사

영유아 언어발달 검사(Sequenced Language Scale for Infants: SELSI)는 김영태, 김경희, 윤혜련, 김화수(2003)에 의해 국내에서 개발된 언어발달 측정 검사도구다. 이 언어검사는 우리나라에서 개발된 유아 및 아동용 언어검사가 부족한 상황에서 외국 언어 검사도구를 수정하거나 보완한 검사가 아니라 국내에서 개발되었다는 점과 3세 미만의 영아 대상 언어검사가 거의 없는 실정에서 영아를 대상으로 실시하는 검사라는 점에서 의의를 가진다.

이 검사의 대상은 생후 5개월에서 36개월의 영유아로 이들의 수용언어와 표현언어 발달지체를 조기에 선별하는 데 목적이 있다. 검사 영역은 수용언어 56문항과 표현언어 56문항, 총 112문항으로 구성되어 있으며, 영유아의 행동에 익숙한 전문가가 영유아의 행동을 관찰하면서 실시할 수 있는 선별검사다(김영태 외, 2003).

생후 5개월부터 36개월 사이의 정상 발달 아동뿐만 아니라 언어 발달지체나 장애를 보일 가능성이 있는 아동의 언어능력을 평가하는 데 사용되기도 한다. 특히 생활연령이 검사상의 정상 발달 연령보다 높은 언어장애 아동의 언어능력에 대한 대략적인 언어발달 정도를 나타내는 지표로 사용된다.

● 영유아 언어발달 검사 문항의 예(수용언어)

수용언어 16~17개월

25. 얼굴 부분(예: 눈, 코, 입…)의 이름을 듣고 자신의 얼굴에서 한 군데 이상 지적할 수 있다.
　　예: _____　　　　아니요: _____

26. 익숙한 물건이 눈앞에 없더라도 가져오라고 하면 그 물건을 가져올 수 있다(30개 이상).
　　예: _____　　　　아니요: _____

27. 익숙한 사물과 관련된 두 가지의 연속된 지시를 수행할 수 있다(예: "공 가져와서 던져봐").
　　예: _____　　　　아니요: _____

28. 다른 사람이 이야기하는 동안 산만해지지 않고 이야기에 집중할 수 있다(예: 짧은 이야기를 해 줄 때 끝까지 듣는다).
　　예: _____　　　　아니요: _____

출처: 김영태 외(2003).

● 영유아 언어발달 검사 문항의 예(표현언어)

표현언어 16~17개월

25. 웅얼거리는 말 속에 'ㄱ, ㄲ, ㅋ, ㅎ'과 같은 소리가 나타난다.

예: _____   아니요: _____

26. 점차적으로 사용하는 어휘가 증가한다(매주 새로운 낱말을 말한다).

예: _____   아니요: _____

27. 말하는 억양이 문장처럼 들린다(정확한 낱말이나 문장은 아니어도 됨).

예: _____   아니요: _____

28. 노는 동안 다양한 의성어(예: 자동차 소리, 동물 소리 등)를 사용한다.

예: _____   아니요: _____

출처: 김영태 외(2003).

● 수용-표현언어 척도

수용-표현언어 척도(Receptive-Expressive Emergent Language Scale: REELS)는 출생 이후부터 36개월까지의 영유아를 대상으로 실시하는 언어 선별검사로서 비조크와 리그(Bzoch & League, 1971)가 개발하였다. 132개의 문항으로 구성되어 있으며, 3세까지의 수용 및 표현 언어기술에 대한 체크리스트다. 검사 항목은 1세까지는 1개월 간격, 1세에서 2세까지는 2개월 간격, 2세에서 3세까지는 3개월 간격으로 구성되어 있다. 부모나 아동과 매일 접촉하는 사람이 보고하며 소요 시간은 약 15분이다. 부모에게 제시되는 질문지에는 미완성 문장으로 된 문항이나 '예' '아니요'로 응답하는 문항이 제시되어 있다.

아동은 각 항목에서 3개의 수용언어 항목 중 2개, 3개의 표현언어 항목 중 2개를 통과하면 연령 수준을 통과했다고 해석된다. 정해진 연령에 해당하는 3개 항목 중 2개를 실패한 경우가 그 아동의 한계 수준이다. REELS는 생의 초기 12~18개월 유아에게 가장 유용한 선별도구다(곽금주, 2002).

● 수용-표현언어 척도

검사 영역	세부 내용
수용언어	• 간단한 요구를 따라 하기(10~11개월) • 요구에 따른 언어반응하기(11~12개월) • 신체부위에 대해 인식하기(14~16개월) • 연속적인 두 가지 지시를 수행하기(16~18개월) • 매일 새로운 단어 인식하기(20~22개월)
표현언어	• 몸짓 사용(8~9개월) • 뜻을 알 수 없는 재잘거림(11~12개월) • 5개 이상 단어조합의 일관된 사용(20~22개월)

● 초기언어 지표 검사

초기언어 지표 검사(Early Language Milestone Scale: ELMS)는 영유아를 대상으로 말하기와 언어발달을 평가하기 위한 도구다. 일반적으로 출생 이후부터 36개월까지의 아동에게 유용하게 사용되나, 이보다 높은 연령이나 언어기능 수준이 36개월 이하인 발달지체 아동에게도 유용하게 사용된다. 이 검사는 총 41개 문항으로 구성되어 있으며, 문항들은 H(History), T(Direct Testing), O(Incidental Observation) 순서로 되어 있고, 사례 또는 관찰에 의해 채점된다. 검사에 필요한 도구는 컵, 숟가락, 크레용, 고무공, 나무 주사위 등이며, 아동의 언어발달이 정상적인지를 평가하기 위한 검사 영역은 청각적 표현, 청각적 수용, 시각 영역이다(곽금주, 2002).

● 초기언어 지표 검사

검사 영역	세부 내용
청각적 표현	초기의 언어와 말하기 행위들을 평가하고 단일어, 구, 그리고 문장들로 구성되어 있다. 옹알거림, 재잘거림 등이 측정된다.
청각적 수용	소리에 대한 반응과 단순한 요구에 대한 이해, 요구에 대한 실행, 소리에 대한 인식, 그리고 공간에서 청각적 자극의 위치 측정하기와 같은 수행을 평가한다.
시각	시각적 자극과 몇 가지 몸짓행동들에 대한 반응을 평가한다. 시각적 고정, 시각적 추적, 부모에 대한 시각적 재인, 몸짓 같은 언어 전 행동을 포함하고 있다.

● 의사소통발달 검사

의사소통발달 검사(MacArthur Communicative Development Inventory: MCDI)는 신뢰도와 타당도가 검증된 어휘체크리스트로서 세계 각국의 언어로 표준화되어 사용되는 검사도구다. 이 검사는 어머니가 영아의 이해어휘와 표현어휘를 직접 체크리스트에 작성하여 실시된다.

이 검사도구의 한국어판인 MCDI-K는 10여 년 동안의 수정 및 보완을 통해 한국 영유아에게 적합한 신뢰도와 타당도 검증이 이루어졌다(배소영, 2003). 영아용은 생후 8개월에서 17개월 사이 영아를 대상으로 실시되며, 어휘검사 이외에 의사소통 행동을 작성하는 항목이 포함되어 있다.

● 의사소통 및 상징행동 평가척도

의사소통 및 상징행동 평가척도(Communication and Symbolic Behavior Scales: CSBS; Wetherby & Prizant, 2002)는 기존의 의사소통 평가척도와 달리 놀이 상황을 통해 영아의 의사소통 능력과 상징행동의 사용 여부를 측정하는 도구다. 이 검사도구는 생후 6개월에서 24개월 사이의 영아 및 걸음마기 아동의 의사소통 기능을 측정하는 데 사용되며, 정상 발달에서 벗어난 아동의 경우 72개월까지 사용이 가능하다. 이 검사도구는 의사소통 기능, 비언어적 의사소통 수단, 음성적 의사소통 수단, 언어적 의사소통 수단, 상호성, 사회정서적 신호, 상징행동의 일곱 가지 범주로 구분된다(Wetherby & Prizant, 2002).

　이지연과 장유경(2004)이 한국에서의 표준화를 위한 예비검사를 실시하였다. 6～24개월의 한국 영아 844명을 대상으로 표준화를 위한 예비검사를 실시한 결과, 내적 일치도 분석을 통해 신뢰도가 검증되었고, MCDI-K의 이해어휘, 표현어휘와 유의한 상관이 나타나 타당도가 검증되었다.

● 의사소통 및 상징행동 평가도구　　　● 의사소통 및 상징행동 평가도구 사용 절차

2) 유아 언어발달 검사도구

　유아를 대상으로 언어발달을 측정하는 언어발달 검사도구에는 대표적으로 그림 어휘력 검사, 유타 언어발달 검사, 언어 이해 인지력 검사, 문장 이해력 검사, 웩슬러 유아지능검사 중 어휘검사 등이 있다.

● 그림 어휘력 검사

　한국판 그림 어휘력 검사는 미국 그림 어휘력 검사(Peabody Picture Vocabulary Test-Revised: PPVT-R)의 저자 던과 던(Dunn & Dunn, 1981)의 동의를 구하여 2세에서 8세 11개월까지의 한국 아동을 대상으로 표준화시킨 검사다. 아동의 수용어휘 능력을 측정하기 위해 고안되었으며, 정상 아동뿐만 아니라 지적장애, 청각장애, 자폐 스펙트럼 장애 등으로 인해 언어장애를 보이는 아동의 수용어휘 능력

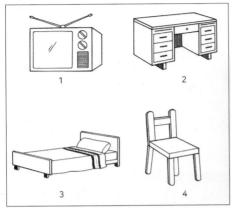

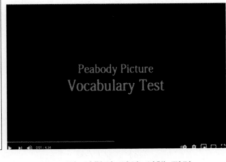

● 그림 어휘력 검사 문항 　　　　● 그림 어휘력 검사 시행 절차

출처: 김영태 외(1995).

을 평가하는 데 활용될 수 있다(김영태, 장혜성, 임선숙, 백현정, 1995).

　　그림 어휘력 검사를 실시하기 전에 연습 문항을 실시하여 아동에게 검사 실시
방법을 미리 알려 준다. 연습 문항의 경우 검사자는 그림을 보여 주며 "여기에
있는 그림들을 잘 보세요."라고 말하면서 각 문항마다 제시되는 4개의 그림을 지
적한다. 다음에는 "이제 선생님이 말을 하면 손가락으로 짚으세요. ○○."라고 말
한다. 실제 검사 문항의 경우에는 "○○."라고만 말해 준다.

● 유타 언어발달 검사

　　한국판 유타 언어발달 검사는 미국 유타 언어발달 검사(Utah Test of Language
Development-3: UTLD, 1989)에 근거하여 3세에서 9세까지의 한국 아동을 대상으
로 기초 자료를 제시한 것이다. 이 검사는 아동의 언어 이해력 및 표현력을 측
정하기 위한 검사로서 총 100개의 문항으로 구성되어 있다. 검사방법은 검사자
의 지시에 따라 아동이 그림을 지적하거나 질문에 대답하도록 되어 있으며, 결
과의 해석은 연령에 따른 평균 점수와 하위 검사 점수 간 점수 차이로 나타나는
프로파일 등으로 해석된다(김영태 외, 2003).

● 언어 이해 인지력 검사

한국판 언어 이해 인지력 검사는 미국 언어 이해 인지력 검사(Bangs Receptive Vocabulary Checklist, 1990)를 3세에서 5세까지의 한국 아동을 대상으로 표준화한 것이다. 아동의 인지력에 기초한 개념 이해 능력을 평가하는 검사로서 총 40개의 문항을 포함하며, 검사방법은 검사자의 지시에 따라 그림이나 사물 자료를 지적하는 것이다. 검사결과는 백분위 점수와 등가연령으로 제시된다(곽금주, 2002).

● 문장 이해력 검사

한국판 문장 이해력 검사는 미국 문장 이해력 검사(Test of Language Development-2: TOLD-2, 1988) 중 문법 이해력 하위 검사를 4세에서 6세의 한국 아동을 대상으로 표준화한 것이다. 아동의 문법 이해 능력을 평가하기 위해 고안된 이 검사는 총 27개 문항으로 재구성되어 있으며, 검사자가 읽어 주는 문장을 아동이 듣고, 그에 해당하는 그림을 지적하도록 함으로써 검사가 이루어진다. 검사결과는 백분위 점수와 등가연령으로 제시된다(김영태 외, 2003).

● 한국 웩슬러 유아지능검사 4판(어휘 검사)

한국 웩슬러 유아지능검사 4판(Korean Wechsler Preschool and Primary Scale of Intelligence-IV: K-WPPSI-IV)은 2세 6개월부터 7세 7개월까지 유아의 인지능력을 임상적으로 평가하기 위해 개발된 개인 지능검사다. 2세 6개월~3세 11개월용 검사와 4세~7세 7개월용 검사로 구분된다. 유아의 언어발달 중 어휘발달을 평가하기 위해 한국 웩슬러 유아지능검사의 하위검사인 어휘검사를 많이 활용한다. 어휘검사는 그림 문항과 언어 문항으로 구성되고, 그림 문항은 검사 책자에 있는 그림의 이름 말하기, 언어 문항은 검사자가 읽어 준 단어의 정의 말하기를 통해 유아의 어휘능력을 측정한다.

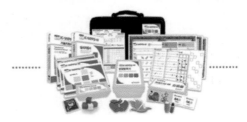

K-WPPSI-IV
한국 웩슬러 유아지능검사 4판
아동이 지닌 인지기능의 전반적인 평가 및 강점과 약점 파악

● 한국 웩슬러 유아지능검사 4판 전체 구성

출처: 인싸이트 홈페이지(https://inpsyt.co.kr).

We played a memory game during Free Play.
We practiced "It's your turn now." and "I didn't get it."

제5장
영유아 이중언어 발달과 의사소통장애

1. 영유아 이중언어 발달

일반적으로 아동은 하나의 언어, 즉 모국어에 노출되고 그 언어를 습득한다. 아동은 다양한 사회적 환경을 통해 모국어 이외의 다른 언어, 즉 제2언어에 해당하는 외국어를 습득한다. 이처럼 두 가지 언어를 모두 구사하는 사람을 이중언어 구사자라고 한다. 이 장에서는 아동이 자신의 모국어 이외에 다른 언어를 습득하는 이중언어 발달 과정을 동시적 이중언어와 순차적 이중언어 발달로 구분하여 살펴본다.

1) 동시적 이중언어 발달

동시적 이중언어
출생 시 또는 출생 직후부터 두 가지 언어에 노출되어 습득되는 이중언어를 말한다.

아동이 출생과 더불어 두 가지 언어에 노출되어 동시에 두 언어를 모두 습득하게 되는 경우를 동시적 이중언어(simultaneous bilingualism) 발달이라고 한다. 태어날 때부터 두 가지 언어를 동시에 습득하게 되는 대표적인 사례는 아동의 거주지역에서 사용하지 않는 언어를 부모 중 한 명이 아동에게 사용하는 경우다. 영어를 사용하는 지역에 거주하면서 아버지는 영어만을 사용하고 어머니는 영어와 이탈리아어를 사용하는 언어환경에서 어머니가 자녀에게 이탈리아어만을 사용할 경우, 아버지는 아동에게 영어를 사용하고 어머니는 아동에게 이탈리아어를 사용함으로써 동시적 이중언어 환경을 제공하게 된다. 동시적 이중언어의 경우, 두 가지 언어가 3세 이전에 발달하므로 두 가지 언어가 일관성 있게, 즉 두 가지 언어에 대한 자극이 유사한 양과 질로 아동에게 제공되어야 한다는 점이 중요하다.

동시적 이중언어 발달에서 두 가지 언어의 분화에 대한 학자들의 의견은 다양하다. 아동이 두 가지 언어를 결합하여 하나의 언어체계를 형성한다는 주장과 두 가지 언어를 구별하여 언어체계를 형성한다는 주장으로 대별된다.

더 알아보기 **이중언어 조기학습 '너무 일러도 문제'**

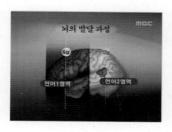

- 앵커: 생후 6개월이 지나면 아기 두뇌에 언어회로가 분화되어 여러 나라 말을 습득할 수 있다는 미국 대학의 한 연구결과가 있었습니다마는 학자들의 의견이 엇갈리고 있습니다.
- 서민수 기자: 그렇다면 요즘 유행하는 조기 영어교육은 얼마나 효과적일까? 이에 대해 학자들 간에 의견이 크게 엇갈리고 있습니다. 미국 워싱턴 주립대학교 팀은 최근 생후 6개월쯤 뇌에 언어칸막이가 생긴다는 연구결과를 발표했습니다. 청각이 민감한 어린 시기에 외국어를 가르치는 것이 좋다는 주장입니다.

- 성미영 교수: 출생 후부터 6세 이전의 시기까지가 청각적 민감성이 가장 활발한 시기이기 때문에 아이들은 이 시기에 외국어에 노출이 되면 훨씬 더 많은 효과를 거둘 수가 있습니다.

- 서민수 기자: 이에 반해 6세 이후에 외국어를 가르치는 것이 바람직하다는 의견도 적지 않습니다. 뇌가 종합적으로 발달하기 전에 외국어를 주입시키면 오히려 역효과를 낼 수 있다는 주장입니다.

- 서유헌 교수: 언어는 언어만으로 이루어지는 게 아닙니다. 종합적인 뇌의 기능이 같이 합동으로 이걸 발달시키는 거니까 뇌가 골고루 발달할 때 그때 언어를 하면 참 좋겠죠.

- 서민수 기자: 이 같은 상황을 종합해 볼 때 아주 어린 아이들에게 외국어를 가르치는 데는 보다 신중한 판단과 세심한 준비가 전제되어야 할 것으로 보입니다.

출처: MBC 뉴스데스크(2007. 1. 8.).

● 외국어, 일찍 배울수록 잘하게 될까? ● 이중언어 발달_환경구성

두 가지 언어를 구별하여 언어체계를 형성한다는 주장은 다시 두 언어가 서로 영향을 주지 않으면서 발달한다는 견해와 두 언어의 발달이 서로 영향을 준다는 견해로 구분된다. 이중언어 발달에 관한 초기 연구에서는 아동이 하나의 언어체계를 구성하고, 하나의 어휘목록을 가지며, 문법규칙도 두 가지 언어에 동일하게 적용한다고 제안하였다(Volterra & Taeschner, 1978). 이와 달리 최근의 연구결과를 근거로 다른 학자들은 이중언어 습득 과정에서 두 가지 언어가 처음부터 분화되어 2개의 다른 언어체계를 갖는다는 주장을 지지하지만, 하나의 언어가 다른 언어에 미치는 영향에 대해서도 인정한다(Hoff, 2016).

2) 순차적 이중언어 발달

아동이 출생 이후 몇 년 동안 한 가지 언어에만 노출되어 한 언어만을 습득하고, 이후에 다른 언어에 노출되어 이를 추가적으로 습득하게 되는 경우를 순차적 이중언어(sequential bilingualism) 발달이라고 한다. 아동기의 순차적 이중언어

순차적 이중언어
제1언어를 습득한 이후에 제2언어를 학습하여 나타나는 이중언어를 말한다.

습득은 모국어인 제1언어의 습득이 대체로 이루어진 이후에 제2언어에 노출되면서 진행된다. 순차적 이중언어 발달의 대표적인 사례는 아동기 자녀를 둔 가족이 모국어가 아닌 언어를 사용하는 국가로 이민을 가는 경우다. 즉, 이민 간 국가에서 새로운 언어를 접하게 된 아동은 가정에서는 모국어를 사용하고 학교에서는 제2언어를 사용한다.

제1언어의 습득 이후 아동기에 제2언어를 습득하게 될 경우 아동은 새로운 언어로 의사소통하기 이전에 과도기적인 과정을 거친다(Tabors, 2008). 예를 들어, 미국으로 이민 간 아동은 처음에 한국어를 사용하기도 하고, 몸짓과 같은 비언어적 의사소통 수단을 사용해 대화를 하기도 한다. 그 이후 새로운 언어인 영어를 사용하기 시작하는데 영어 사용 초반에는 암기한 단어나 문장을 주로 사용하고, 이러한 과정을 거치면서 영어를 한국어만큼 능숙하게 사용하게 된다.

더 알아보기   **아동기 제2언어 습득의 영향 요인**

아동기에 제2언어를 습득하는 아동은 개인적 요인과 사회문화적 환경 요인에 따라 제2언어 습득 정도에 차이를 보인다. 예를 들어, 사회성 수준이 높은 아동은 내성적이거나 위축된 아동보다 외국어 습득이 더 빠르며(Wong, 1991), 모국어의 숙달 정도 역시 외국어 습득의 성공을 예측하는 요인이다. 사회문화적 환경 요인의 경우 제2언어를 학습하려는 동기가 도구적 동기인지 아니면 통합적 동기인지에 따라 제2언어 습득 정도에 차이가 있다. 즉, 취업을 위한 도구적 동기보다는 제2언어를 사용하는 공동체에 소속되기 위한 통합적 동기가 제2언어 습득의 성공과 더 관련이 있다(Gardner & Lambert, 1972).

2. 영유아 의사소통장애

1) 의사소통장애의 정의

의사소통장애(communication disorders)는 말(speech)이나 언어(language), 또는 청각(hearing)에 문제가 있는 장애를 의미한다(Accardo & Whitman, 2011). 영유아의 의사소통장애에는 단순히 부정확한 발음 문제, 말더듬과 같은 말의 유창성 문제, 언어 이해 및 표현의 지체나 장애가 있다. 이러한 언어장애나 언어지체는 다른 장애유형과 무관하게 발생하기도 하지만, 지적장애나 청각장애와 같이 신경·감각·신체적 결함 등으로 인해 발생할 수도 있고, 그 원인이 선천적이거나 후천적일 수도 있다. 결국 의사소통장애는 발성기관을 통해 산출되는 말, 언어, 청력 및 청지각 등의 특정 영역에 문제가 발생하여 의사소통 능력에 장애를 초래한 경우에 해당한다(김태련 외, 2003).

2) 의사소통장애의 유형

● 단순언어장애

단순언어장애(specific language impairment: SLI)는 다른 발달 영역은 문제가 없는데 언어발달 영역에서만 이상을 보이는 장애다. 이와 달리 지적장애, 뇌성마비, 청각장애, 자폐 스펙트럼 장애 등의 발달장애는 언어 영역 이외의 신경·감각·신체적 결함 등의 장애로 인해 언어발달이 지체되거나 장애가 발생하여 결국 의사소통 능력에 이상이 나타나는 경우다.

● 조음·음운 장애, 유창성 장애, 음성장애

단순언어장애 외에 조음·음운 장애, 유창성장애, 음성장애가 있다. 이는 모두 말장애에 해당하는 것으로 주로 호흡기관, 발성기관, 조음기관(예: 혀, 입술, 이, 입천장) 등을 통해 산출되는 말소리에 문제가 생기는 유형이다. 조음·음운 장애(articulation/phonological disorders)는 말소리의 기본이 되는 음소를 지각, 발음할 때 나타나는 문제다. 유창성장애(fluency disorders)의 대표적인 예는 말더듬인데, 말더듬이란 소리의 반복, 연장, 막힘이나 주저함 등으로 방해를 받아 말의 유창성이 깨지게 되는 장애를 의미하며, 불안, 긴장, 또는 회피행동이 수반되기도 한다(Van Riper, 1982). 음성장애(voice disorders)는 기질적 또는 기능적 원인으로 인해 음성의 높낮이, 크기, 질에 생기는 장애를 일컫는다(Moore & Hicks, 1994). 예를 들면, 목소리가 비정상적으로 너무 높거나 낮거나, 너무 크거나 작거나, 목소리가 지나치게 쉬거나 비음화되어 의사소통에 지장을 초래하게 되는 경우다.

● 실어증

마지막 유형으로 신경관련언어장애(neurogenic disorders of speech and language)가 있는데, 실어증(aphasia)이 대표적인 예다. 실어증은 뇌의 좌반구 손상으로 인해 주로 듣기, 말하기, 읽기, 쓰기의 전반적인 언어발달 영역에 장애가 나타나는 경우를 의미한다(Accardo & Whitman, 2011).

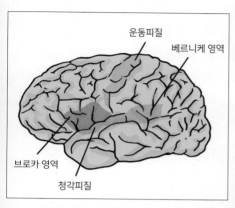

● 뇌의 브로카 영역과 베르니케 영역

● 브로카 영역

● 베르니케 영역

● 브로카 실어증 vs 베르니케 실어증

브로카 실어증 사례

yes … ah … Monday … er … Dad and Peter H … (자기 이름). And
Dad … er … hospital … and ah … Wednesday … Wednesday, nine
o'clock … and … oh … Thursday … ten o'clock, ah doctors two …
an'doctors … and er … teeth … yah.

베르니케 실어증 사례

The patient is responding to the question, "How are you today?" "I feel
very well. My hearing, writing been doing well. Things that I couldn't
hear from. In other words, I used to be able to work cigarettes. I didn't
know how … Chesterfeela, for 20 years I can write it."

● 브로카 실어증 및 베르니케 실어증 사례

출처: Goodglass (1993).

브로카 실어증
뇌손상으로 인해 말을 산출하는 능력이 심각하게 손상된 상태를 의미한다.

베르니케 실어증
뇌손상으로 인해 의미 없는 말을 빠르고 유창하게 하는 상태를 의미한다.

좌반구의 손상 위치와 그 결과에 따라 브로카 영역(Broca's area)이 손상된 브로카 실어증(Broca's aphasia)과 베르니케 영역(Wernicke's area)이 손상된 베르니케 실어증(Wernicke's aphasia)으로 구분된다. 브로카 영역은 문법을 담당하는 장소이며, 베르니케 영역은 의미를 담당하는 장소다. 따라서 브로카 실어증의 경우 말의 유창성이 떨어지고 문법구조가 결여되고, 문법 형태소 없이 명사나 동사를 위주로 사용하는 반면, 베르니케 실어증의 경우 말은 유창하고 완전한 문법구조를 갖추고 있으나, 자신이 표현하려는 의미와 맞지 않는 단어를 사용하거나 의미 없는 단어를 사용하여 문장의 의미를 파악하기 어렵다.

3) 언어발달과 시각장애

일반적으로 영유아의 언어발달 문제는 주로 청각장애와 관련 있다고 예측하기 쉽다. 그러나 청각장애 이외에 시각적 문제가 있는 영유아의 경우에도 언어발달의 지체나 장애가 나타날 수 있다. 먼저, 시각장애 아동은 언어발달 및 의사소통발달에 필수적인 공동 주의(joint attention)가 불가능하기 때문에 언어발달에서 정상적인 아동과 차이를 보인다. 시각장애 아동은 입 모양의 움직임에 대한 시각 정보가 부족하여 음운발달에서 어려움을 보인다. 구름이나 달과 같이 자신의 손으로 만질 수 없는 사물의 명칭은 습득하기 어려우며, 시각장애 아동의 어머니는 직접 명령문을 더 많이 사용하기 때문에 영어 문화권의 시각장애 아동은 일반 아동에 비해 조동사의 습득이 늦다.

눈을 가린 정상 시각 아동과 시각장애 아동에게 "위를 쳐다봐!(Look up!)"라고 말했을 때, 눈을 가린 정상 시각 아동은 눈이 가려져 있음에도 불구하고 위를 쳐다보기 위해 고개를 들었으나, 시각장애 아동의 경우에는 고개는 가만히 둔 채 양쪽 팔을 들어 보였다. 이러한 결과는 시각장애 아동과 정상 시각 아동이 문장의 의미를 이해하는 데 차이가 있음을 보여 준다.

정상 시각 아동   시각장애 아동

● "위를 쳐다봐!"라는 지시에 대한 정상 시각 아동과 시각장애 아동의 반응
출처: Landau & Gleitman (1985).

4) 언어발달과 청각장애

청각장애는 영유아의 정상적인 언어발달을 방해하여 언어발달 및 의사소통발달의 지체나 장애를 초래한다. 청각장애 영아는 생후 몇 개월 동안은 정상 청각 영아와 동일한 소리를 내지만 옹알이 단계부터 정상 청각 영아와 차이를 보인다. 청력손실로 인해 초래되는 청각장애는 가운데귀 또는 바깥귀 손상으로 인한 전도성난청, 속귀 손상으로 인한 감음 신경성 난청, 혼합형의 세 가지 유형으로 구분된다.

청각장애는 발생 시기에 따라 언어습득 이전 청각장애와 언어습득 이후 청각장애로 구분되고, 출생 시부터 청각장애로 태어난 아동은 출생 후 언어환경에 따라 다른 양상을 보인다. 청각장애 부모를 둔 청각장애 아동은 수어로 모국어를 습득하고, 정상 청각 부모를 둔 청각장애 아동은 입술을 읽어서 말을 산출하도록 훈련받는다. 청각장애로 태어났으나 입술을 읽어 말을 산출하도록 훈련받은 아동은 문법발달이 지연되어 정상 청각 아동의 언어능력과 차이를 보인다.

5) 언어발달과 지적장애

지적장애 아동은 지적 능력이 현저히 낮은 경우에 해당한다. 지적장애의 대표적인 유형으로 다운증후군(Down syndrome)과 윌리엄스증후군(Williams syndrome)이 있다. 다운증후군 아동은 일반적으로 언어능력이 뒤떨어지고, 특히 문법발달의 손상이 크며, 언어 이해보다 언어 표현 능력의 지체가 더 심각하다. 다운증후군 아동은 인지능력이 손상된 만큼 언어발달도 손상되었다. 윌리엄스증후군 아동은 다운증후군 아동과 마찬가지로 일반적 인지능력이 지체된 경우에 해당하지만, 다운증후군 아동과는 달리 풍부한 어휘 사용, 문법적으로 복잡한 문장 산출 등 언어능력은 뛰어나다. 윌리엄스증후군 아동은 언어발달과 인지발달이 별개의 독립된 능력일 수 있다는 사실을 보여 주는 예다.

지적장애 아동의 언어발달은 또래에 비해 현저하게 지체되며, 이러한 차이는 아동기를 벗어나면서 더욱 심하게 나타난다. 하지만 지적장애 아동에 관한 연구는 지적장애 아동의 언어발달이 지나치게 느리기는 하지만, 대체로 정상적인 순서로 발달하며, 정상이 아닌 장애 현상은 보이지 않는다고 보고하고 있다. 동일한 정신연령의 정상 발달 아동에 비해 지적장애 아동의 언어 표현은 더 짧고 단순한 경향을 보이며, 추상적 사고력을 필요로 하거나 맥락적 단서가 제공되지 않는 상황에서의 언어 이해력이나 표현력은 더 낮은 수준인 것으로 나타났다(Hoff, 2016).

● 다운증후군 아동(왼쪽)과 윌리엄스증후군 아동(오른쪽)

● 윌리엄스증후군 사례 영상   ● 윌리엄스증후군협회 홈페이지

6) 언어발달과 자폐 스펙트럼 장애

자폐 스펙트럼 장애 아동의 경우에는 언어발달 이외의 영역에서도 장애를 보이지만 언어발달 영역, 특히 의사소통 영역에서 심각한 장애를 보인다. 자폐 스펙트럼 장애 아동은 인지능력의 손상 정도에 따라 심각한 인지적 손상을 보이는 저기능과 상대적으로 덜 심각한 인지적 손상을 보이는 고기능으로 구분된다. 저기능 자폐 스펙트럼 장애의 경우 전혀 말을 하지 못하거나 반향어(echolalia)를 사용하는 등 언어습득이 거의 불가능하며, 고기능 자폐 스펙트럼 장애의 경우 언어습득은 가능하지만 언어발달이 지체되고, 특히 의사소통 문제가 심각하다. 예를 들어,

> **반향어**
> 이전 사람이 한 말의 일부를 단순히 반복하는 말을 뜻한다.

자폐 스펙트럼 장애 영아는 의사소통에 필수적인 가리키기와 같은 몸짓을 거의 사용하지 않으며, 대화 상대방과의 원활한 의사소통에도 어려움을 보인다.

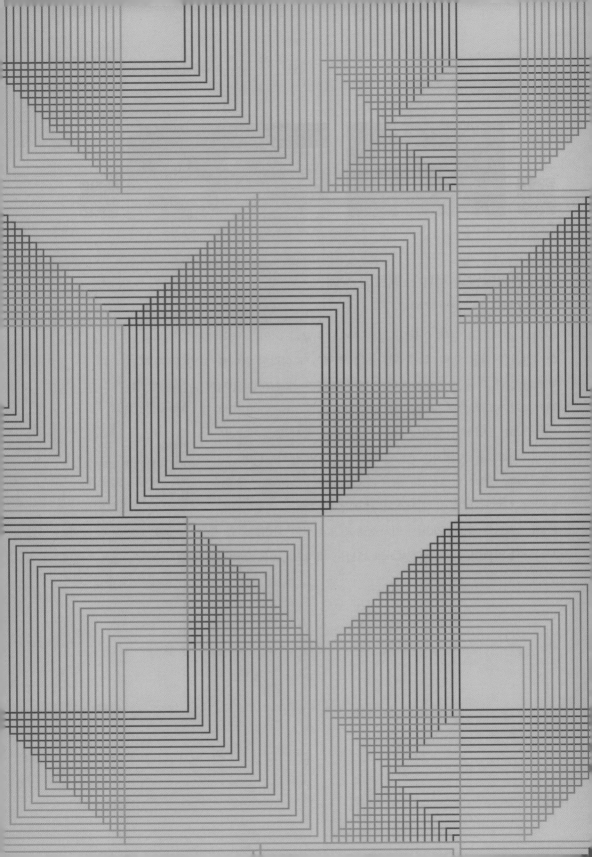

Part 2

영유아 언어지도

『공룡이 살아있다!』를 보는 현서에게 승윤이가 다가가
"내가 읽어 줄게. 이건 대장 공룡 티라노야. 맨 앞에서 간대."

제6장
표준보육과정과 영아의
의사소통 경험

국가수준의 보육과정인 표준보육과정은 영아를 위한 0~1세 보육과정, 2세 보육과정과 유치원과의 공통 교육과정인 3~5세 누리과정으로 구성되어 있다. 이 장에서는 제4차 표준보육과정의 0~2세 보육과정 의사소통 영역의 내용을 통해 영아의 언어발달을 지원하기 위한 의사소통 경험에 대해 알아본다.

1. 0~1세 보육과정의 의사소통 영역

0~1세 영아는 적극적 의사소통자로 비언어와 언어를 이용하여 자신의 생각, 느낌, 감정을 표현하고 상대방의 표현과 반응을 보고 들으며 소통한다. 또한 주변의 그림과 상징에 관심을 갖고 자유롭게 끼적이기를 즐기며 책과 이야기에도 관심을 갖는다. 의사소통 영역은 일상에서 영아가 자신의 의사를 상대방에게 전달하고, 상대방의 표현을 이해하는 과정에서 다른 사람과 소통하는 다양한 방식을 경험하면서 의사소통의 즐거움을 느끼며 의사소통 능력의 기초를 형성하는 것을 목표로 한다. 이를 위하여 교사는 0~1세 영아가 자유롭고 편안하게 자신의 의사를 표정, 몸짓, 옹알이, 말소리, 말, 끼적이기 등 다양한 방식으로 표현할 수 있도록 하고, 책과 이야기에 관심을 갖고 자유롭게 즐기는 것을 지원하도록 한다(보건복지부, 2020).

1) 0~1세 의사소통 영역의 성격

- 의사소통 영역은 출생 후 첫 울음, 옹알이 등의 소리나 몸짓, 표정과 같은 비언어적 행동을 통해 자신의 생각, 느낌, 감정을 타인에게 전달하다가 점차 한 단어와 짧은 문장으로 다른 사람과 소통할 수 있는 기초를 형성하는 내용이다. 또한 다른 사람의 생각, 느낌, 감정을 이해하는 과정을 경험하며 상대방과 소통하는 즐거움을 경험하는 내용이다.

- 의사소통 영역은 '듣기와 말하기' '읽기와 쓰기에 관심 가지기' '책과 이야기 즐기기'의 세 범주로 구성되어 있다.
  - '듣기와 말하기'는 밀접히 연관되어 있어서 거의 동시에 일어나는 경험이다. 특히 24개월 이전까지의 0-1세 영아는 듣기와 말하기에서 급격한 발달을 이룬다. '듣기와 말하기' 범주는 능동적인 의사소통자로서 0~1세 영아가 울음, 옹알이 등의 소리나 몸짓, 표정과 같은 비언어를 통해 자신의 감정이나 요구를 상대방에게 표현하며 점차 말소리로 다른 사람과 소통해 가는 내용으로 구성되어 있다.
  - '읽기와 쓰기에 관심 가지기'는 0~1세 영아가 주변의 환경에서 그림이나 상징을 만나는 경험을 하며, 이에 관심을 가지고 끼적이기에 대한 시도가 이루어지도록 하는 내용으로 구성되어 있다.
  - '책과 이야기 즐기기'는 0~1세 영아가 주변에서 접할 수 있는 책과 이야기에 관심을 가지고 책과 이야기 듣기를 점차 즐길 수 있도록 하는 내용으로 구성되어 있다.

- 의사소통 영역에서는 신뢰감이 형성된 사람과 친숙한 환경에서 세 가지 내용 범주를 즐겁고 편안하게 경험하는 것이 중요하다. 일상생활에서 자연스럽고 친근하게 말을 걸어주는 성인의 말소리를 듣는 것에 관심을 갖고, 다양한 표정, 몸짓, 소리, 말로 표현하는 것을 즐기도록 눈을 맞추고 영아에게 주의를 기울이도록 한다. 또한, 영아가 일상에서 그림과 상징에 관심을 가지고 책과 이야기를 즐기며, 마음껏 끼적이며 소통하는 경험을 할 수 있도록 격려한다.

2) 0~1세 의사소통 영역의 목표

> 의사소통 능력의 기초를 형성한다.
> (1) 일상생활에서 듣고 말하기를 즐긴다.
> (2) 읽기와 쓰기에 관련된 관심을 가진다.
> (3) 책과 이야기에 관심을 가진다.

의사소통 영역의 목표는 0~1세 영아가 의사소통 능력의 기초를 형성하는 경험을 하는 것이다. 0~1세 영아가 일상생활에서 다른 사람의 말이나 이야기를 듣고 말하기를 즐기며, 주변의 그림과 다양한 상징에 관심을 갖고 자유롭게 끼적이기에 관심을 갖는 것과 다양한 책과 이야기를 접하며 관심을 가지는 것을 목표로 한다.

● 일상생활에서 듣고 말하기를 즐긴다

☑ 영아의 듣기와 말하기

듣기는 주변에서 들리는 여러 소리에서 영아가 그 의미를 이해해 가는 것으로 의사소통 능력의 기초를 이룬다. 말하기는 자신의 감정이나 욕구, 의도를 상대방에게 전달하는 것이다. 0~1세 영아는 처음에는 표정, 몸짓, 울음, 말소리로 자신의 감정이나 의사를 표현하다가 점차 자신이 속한 사회에서 주로 사용하는 말소리나 단어로 표현하게 된다.

☑ 교사의 지원

0~1세 영아가 주변의 소리와 상대방의 표정, 몸짓, 말을 보거나 들으면서 의미를 이해하게 되고, 자신의 의사를 표현하면서 상대방의 반응을 통해 소통하는 즐거움을 경험할 수 있도록 하는 데 중점을 두어 지원한다.

● 읽기와 쓰기에 관련된 관심을 가진다

☑ 영아의 읽기와 쓰기에 관심 가지기

의사소통은 문자와 같은 다양한 상징물을 통해서도 이루어진다. 영아는 처음
에는 그림과 상징물에 대한 관심으로 시작하여 점차 문자에 대한 관심을 갖게
된다. 쓰기에 대한 관심은 손에 힘이 생기고 혼자 앉기 시작하는 생후 6개월 이
후 쓰기 도구를 잡게 되면서 나타나기 시작한다.

☑ 교사의 지원

0~1세 영아가 그림과 상징에 관심을 보일 수 있도록 한다. 예를 들어, 자신에
게 익숙한 그림책의 그림, 우유와 같은 친숙한 물건의 상표, 반의 상징(학급 이름
판, 또래 사진 명단 등)에 대해 관심을 보이고 그림이나 상징에 대해 이야기를 해
주면 그 내용에 주의를 기울이게 된다. 또한 영아가 자유롭게 끼적이며 표현하
며 자신이 끼적인 결과물에 관심을 보이며 타인과 끼적임을 소통하려는 시도를
하며 소통의 즐거움을 느끼는 데 중점을 두어 지원한다.

● 책과 이야기에 관심을 가진다

☑ 영아의 책과 이야기 즐기기

문자 사회에 살고 있는 영아는 일상적으로 주변에서 환경 인쇄물과 영아용 짧
은 그림책 등에 자연스럽게 노출이 된다. 영아는 혼자서 책을 탐색하거나 교사

와 함께 책을 보면서 책과 이야기에 관심을 갖게 된다. 영아는 점차적으로 자신이 흥미 있어 하는 친숙한 그림책을 반복적으로 보려고 시도하게 된다.

☑ 교사의 지원

0~1세 영아가 책과 이야기에 관심을 가지고 즐길 수 있도록 편안하고 즐겁게 책을 함께 보고 이야기를 들려준다. 영아는 친숙한 그림책을 선호하므로, 반복적으로 동일한 책을 접할 수 있도록 지원한다.

3) 0~1세 의사소통 영역의 내용

내용범주	내용
듣기와 말하기	• 표정, 몸짓, 말과 주변의 소리에 관심을 갖고 듣는다. • 상대방의 이야기를 들으면서 말소리를 낸다. • 표정, 몸짓, 말소리로 의사를 표현한다.
읽기와 쓰기에 관심 가지기	• 주변의 그림과 상징에 관심을 가진다. • 끼적이기에 관심을 가진다.
책과 이야기 즐기기	• 책에 관심을 가진다. • 이야기에 관심을 가진다.

● 듣기와 말하기

● 표정, 몸짓, 말과 주변의 소리에 관심을 갖고 듣는다

0~1세 영아가 주변 사람의 표정과 몸짓에 관심을 가지고 반응하며, 주변에서 들리는 말소리와 소리에 관심을 보이면서 다양한 말과 소리에 주의를 기울여 들으며 소통하는 내용이다. 의사소통의 필수요소는 말하는 상대방을 응시하며 관심을 갖는 것이다. 영아는 의사소통에 필수적인 요소인 시선교환과 상대방의 표정, 몸짓에 관심을 가지고 그 의도를 파악하며 주의 깊게 보는 과정을 통해 점차 상대방의 생각이나 의도를 이해하게 되는 소통을 경험하게 된다.

교사 지원 영아가 다른 사람과의 의사소통이 즐겁다는 것을 경험하기 위하여 자연스럽고 편안한 목소리, 리듬감 있는 말, 반복적인 표현, 현재 경험과 관련된 표현이 있는 즐거운 분위기를 형성하는 것이 필요하다.

● 상대방의 이야기를 들으면서 말소리를 낸다

0~1세 영아가 주변에서 말하는 이야기에 주의를 기울여 들으면서 다양한 발성과 옹알이로 반응하고 점차 적극적으로 말소리를 내며 소통하는 내용이다. 상대방이 영아의 옹알이와 말소리에 민감하게 반응해 주는 것은 영아는 소리 내는 것을 즐거워하고 반복하여 소리를 내며 점차 실제 발음으로 말할 수 있게 된다.

교사 지원 무리하게 정확한 말소리를 내도록 요구하기보다 영아의 말소리 표현과 욕구를 존중하고 소리를 내고자 하는 즐거움을 헤아려 반응하는 것이 중요하다.

● 표정, 몸짓, 말소리로 의사를 표현한다

0~1세 영아가 표정과 몸짓의 비언어적인 방법을 포함하여 점차 말소리와 같은 언어적인 방법으로 표현하게 되면서 소통의 방식을 다양하게 활용하여 의사를 표현하는 내용이다.

교사 지원 영아가 자신의 의사를 표정, 몸짓, 말소리로 자유롭게 표현할 수 있기 위해서는 상대방이 영아의 표현에 대해 민감하고 애정적으로 반응하는 것

이 필요하다. 영아가 의사를 표현하고 소통하는 것에 즐거움을 느낄 수 있도록 영아의 표정, 몸짓, 옹알이 또는 언어적 표현인 말소리에 언제나 즐겁고 편안하게 반응하는 것이 중요하다.

● 읽기와 쓰기에 관심 가지기
  ● 주변의 그림과 상징에 관심을 가진다

　0~1세 영아가 자신의 주변의 친숙한 그림이나 표지판, 상표와 같은 주변의 친숙한 상징에 관심을 가지는 내용이다. 영아는 그림이 나타내는 의미에 흥미를 보이고 점차 일상에서 접하는 사물, 동물 등 그림의 의미를 이해하기 시작한다. 친숙한 그림 이해에서 시작하여, 점차 주변의 표지판이나 상표의 의미를 읽게 되어 다른 사람과 소통할 수 있는 기초능력을 키워 간다.

　교사 지원　영아에게 친근한 사물의 그림이나 사진, 자주 접했던 상표와 같은 상징을 눈높이에 맞게 붙여 주거나 놀잇감으로 제공하여 자연스럽게 그림과 상징을 경험할 수 있는 환경을 조성해 줄 수 있다.

● 끼적이기에 관심을 가진다.

0~1세 영아가 손에 무엇인가를 쥐고 벽이나 바닥면에 끼적이기를 시도하며 의도적으로 움직여 어떤 결과가 나타나는 것에 관심을 가지는 내용이다. 0~1세 영아가 혼자 앉을 수 있게 되면 손과 팔을 자유롭게 움직일 수 있게 되고, 손과 팔을 협응하여 의도적으로 움직이는 것이 끼적이기와 쓰기의 기초가 된다. 이 시기 영아는 자신의 감각과 몸을 이용한 결과가 나타나는 것을 즐긴다.

교사 지원   영아가 자유롭게 움직이며 끼적일 수 있도록 도구를 제공하며 끼적인 결과에 교사가 관심을 가지는 것이 필요하다. 상대방이 알아볼 수 없더라도 영아 자신에게는 의미 있는 선이나 모양이므로 영아의 생각이나 느낌을 표현할 수 있도록 격려하고 반응해 주는 것이 필요하다.

● 책과 이야기 즐기기
● 책에 관심을 가진다

0~1세 영아가 다양한 형태의 책을 탐색하는 경험을 하면서 책에 대한 관심을 가지게 되고, 책과 자신의 경험을 관련짓고 상징행동을 하며 이를 상상해 보면서 책에 대한 선호가 생긴다는 내용이다. 영아는 주변의 시각적·촉각적 자료에

관심이 많으며, 이를 담고 있는 책에 흥미를 느낀다. 영아는 종이 책, 헝겊 책, 비닐 책, 소리 나는 책 등 다양한 재질로 이루어진 형태의 책을 탐색하며 성인이 읽어 주는 책에 관심을 가지게 되며 점차 책에 대한 선호가 생기게 된다. 영아는 책의 내용을 함께 보면서 자신의 경험과 관련짓고 상징 행동을 하며 상상해 보기도 한다.

<u>교사 지원</u> 영아가 자유롭게 책을 탐색할 수 있도록 책을 즐길 수 있는 시간과 공간이 마련되어야 한다. 이를 위해 영아의 침대 주변이나 기저귀 갈이 공간, 교실의 조용하고 채광이 좋은 곳에 친숙한 그림이나 책을 제공할 수 있다. 영아는 책을 반복적으로 보면서 책을 즐기게 된다.

● 이야기에 관심을 가진다

0~1세 영아가 이야기를 자주 접하게 되면서 점차 자신이 좋아하는 이야기에 대한 선호가 생기게 되는 것과 관련된 내용이다. 영아는 다양한 이야기를 들으면서 점차 이야기의 내용을 이해하고 재미를 느끼게 된다.

<u>교사 지원</u> 교사는 영아가 이야기의 즐거움을 느낄 수 있도록 영아의 경험을 흥미로운 이야기 형태로 구성하여 대화하듯 말해 주는 것이 필요하다. 만약 기존 이야기를 활용하는 경우 내용을 그대로 읽어 주거나 말하기보다는 영아의 반응을 살피면서 영아가 선호하는 부분을 반복하거나 관심이 적은 부분은 내용을 간단히 들려주는 것이 필요하다.

2. 2세 보육과정의 의사소통 영역

2세 영아는 의사소통 경험을 통해 일상의 기초적인 어휘를 습득하여 구어로 소통하는 능력이 향상되고 상징과 문자를 읽고 쓰며 문어로 소통하는 방식을 경험한다. 의사소통 영역은 자신의 의사를 다른 사람에게 표현하여 전달하고, 상대방의 이야기를 듣고 말하며, 일상에서 읽기·쓰기와 관련되는 경험에 관심을 가지며 책과 이야기를 즐기고 상상의 즐거움을 가질 수 있는 경험을 하는 것에 목표를 두고 있다. 교사는 2세 영아가 일상에서 자유롭고 편안하게 상대방에게 표정, 몸짓, 말로 의사를 표현하는 기회를 제공하고, 다른 사람과 소통하는 것을 격려하고, 영아가 읽고 쓰는 데 관심을 가질 수 있는 다양한 그림과 사물의 상징이 담긴 인쇄물 등을 충분히 제공하며, 책과 이야기에서 자유로운 상상을 즐길 수 있도록 지원한다(보건복지부, 2020).

1) 2세 의사소통 영역의 성격

- 의사소통 영역은 2세 영아가 기초적인 어휘와 의사소통 체계를 습득한 후에 듣고 말하기의 구어능력이 향상되고 읽고 쓰기에 관심이 증진되어 자신이 느낌, 생각, 경험을 구어와 문어로 표현하는 능력을 기르고 다른 사람과

소통할 수 있는 기초를 이루는 영역이다.

- 의사소통 영역은 '듣기와 말하기' '읽기와 쓰기에 관심 가지기' '책과 이야기 즐기기'의 세 범주로 구성되어 있다.

  - '듣기와 말하기'는 2세 영아가 다른 사람의 표정, 몸짓, 말에 관심을 갖고 듣고, 상대방의 이야기를 듣고 말하며, 표정, 몸짓, 단어로 자신의 의사를 표현하며, 자신의 요구와 느낌을 자유롭게 말하는 내용으로 구성되어 있다.

  - '읽기와 쓰기에 관심 가지기'는 2세 영아가 주변의 그림과 상징, 글자에 관심을 가지고, 이를 활용하여 자유롭게 끼적이며 표현을 즐기는 내용으로 구성되어 있다.

  - '책과 이야기 즐기기'는 2세 영아가 다양한 책과 이야기에 관심을 가지고 상상하기를 즐기며, 말놀이와 이야기 짓기에 재미를 느끼는 내용으로 구성되어 있다.

2) 2세 의사소통 영역의 목표

> 의사소통 능력과 상상력의 기초를 형성한다.
> (1) 일상생활에서 듣기와 말하기를 즐긴다.
> (2) 읽기와 쓰기에 관심을 가진다.
> (3) 책과 이야기에 재미를 느낀다.

의사소통 영역의 목표는 2세 영아가 듣기, 말하기, 읽기, 쓰기의 의사소통 방식에 관심을 가지고 활용하며, 책과 이야기에서 상상하는 즐거움을 경험하기이다. 2세 영아가 일상생활에서 듣고 말하기를 즐기고, 그림과 문자 상징을 읽고 쓰기에 관심을 가지는 것과 책과 이야기를 즐길 수 있는 경험을 하는 것을 목표로 한다(보건복지부, 2020).

● 일상생활에서 듣기와 말하기를 즐긴다

☑ 영아의 듣기와 말하기

듣기는 주변의 말소리와 대화의 의미를 이해하는 능력으로 의사소통 능력의 기초를 이룬다. 말하기는 의미 있는 발음을 만들어 내는 것을 기초로 한다. 2세 영아는 다른 사람의 말을 주의 깊게 집중하여 듣는 능력이 향상된다. 2세는 새롭게 듣고 그 의미를 이해하는 단어가 급증하는 시기이므로 다양한 듣기와 말하기 상황을 영아에게 제공하여 즐기도록 한다.

☑ 교사의 지원

2세 영아의 듣기와 말하기는 생활 속에서 이루어지는 자연스러운 대화를 통해 향상되므로 편안하고 수용적인 분위기에서 자유롭게 듣고 말할 기회를 제공하여 소통의 즐거움을 경험하는 데 중점을 두어 지원한다.

● 읽기와 쓰기에 관심을 가진다

☑ 영아의 읽기와 쓰기에 관심 가지기

읽기와 쓰기 발달은 다양한 상징물을 통해 이루어진다. 특히 쓰기는 자신의 생각이나 경험을 문자를 이용하여 나타내는 능력이다. 영아의 관심은 그림과 상징물에 대한 관심에서 점차 문자에 대한 관심으로 이동한다. 2세 영아는 짧거나 긴 직선과 곡선을 사용하여 끼적이기를 하고, 자신이 끼적인 것에 대해 글자를 쓴 것처럼 이름을 붙인다.

☑ 교사의 지원

2세 영아는 상징, 기호, 문자에 관심을 보일 수 있도록 지원한다. 예를 들어, 2세 영아가 자유롭게 끼적이기를 하도록 보육실의 한쪽 벽면이나 일정한 장소에 끼적이기 공간을 마련해준다. 또한 영아가 좋아하는 단어, 관심 있는 글자나 경험한 사건에 대해 끼적이기로 표현하고 자신이 끼적인 결과물에 명명하거나 설명할 수 있도록 기회를 제공하는 데 중점을 두어 지원한다.

● 책과 이야기에 재미를 느낀다

☑ 영아의 책과 이야기 즐기기

2세 영아는 그림책에 많은 관심을 보이며 글의 내용에 대해 교사가 이야기해 주거나 읽어 주기를 기대한다. 그림책을 즐겁게 읽어 본 경험이 많을수록 그림책에 대한 영아의 흥미는 높아지고, 이 경우 영아는 그림책과 이야기를 더 자주 즐기게 된다.

☑ 교사의 지원

2세 영아가 그림책이나 환경 인쇄물을 접할 때 글의 내용을 정확하게 이해하거나 글자 습득에 주의를 기울이도록 하기보다는 영아가 그림책과 관련된 이야기를 재미있어 하고, 그림책을 보거나 이야기를 듣는 행위 자체를 즐기도록 하는 데 중점을 두고 지원한다.

3) 2세 의사소통 영역의 내용

내용범주	내용
듣기와 말하기	• 표정, 몸짓, 말에 관심을 갖고 듣는다. • 상대방의 이야기를 듣고 말한다. • 표정, 몸짓, 단어로 의사를 표현한다. • 자신의 요구와 느낌을 말한다.
읽기와 쓰기에 관심 가지기	• 주변의 그림과 상징, 글자에 관심을 가진다. • 끼적이며 표현하기를 즐긴다.
책과 이야기 즐기기	• 책에 관심을 가지고 상상한다. • 말놀이와 이야기에 재미를 느낀다.

● 듣기와 말하기

● 표정, 몸짓, 말에 관심을 갖고 듣는다

2세 영아가 상대방의 표정, 몸짓, 말에 관심을 갖고 적극적으로 들으며, 상대방의 생각과 의도를 파악하고, 다양한 말과 소리의 차이에 관심을 가지고 듣는 내용이다. 대화 상대방과의 원활한 의사소통을 위해서는 말하는 상대방의 표정과 몸짓을 응시하고 말에 관심을 가져야 한다. 2세 영아는 말하는 상대방을 바라보는 응시하기를 넘어서 말하는 상대방의 표정, 몸짓, 말을 주의 깊게 보고 들으며 상대방이 전달하고자 하는 의도를 파악하는 경험을 한다.

교사 지원   현재 상황에서 일어나고 있는 경험에 대해서 표정과 몸짓을 사용하여 다양한 억양으로 영아에게 말해 줌으로써 영아가 관심을 갖고 듣도록 격려한다. 또한 영아의 주의집중을 유지하고 즐겁게 들을 수 있는 분위기를 마련해 준다.

● 상대방의 이야기를 듣고 말한다

2세 영아가 상대방의 말 혹은 이야기를 듣고 반응하며 자신의 느낌, 생각을 상대방에게 말하는 경험을 하는 내용이다. 의사소통 구조에서 기초가 되는 내용은 말하는 상대방과 이야기를 주고받을 때 자신이 말할 순서를 알고 자신이 말할 차례에 말하는 것이다. 상대방의 이야기를 먼저 듣고 그 이야기에 반응하여 자신의 느낌과 생각을 말로 전달하는 경험을 영아에게 반복적으로 제공하도록 지원한다.

교사 지원 영아가 상대방이 전달하는 말의 의미를 더 잘 파악할 수 있도록 상대방을 주의 깊게 응시하도록 지원한다.

● 표정, 몸짓, 단어로 의사를 표현한다

2세 영아가 표정과 몸짓의 비언어를 포함하여 단어 혹은 말로 자신의 의사를 표현하여 상대방과 소통하는 경험을 하는 내용이다. 2세 영아는 아직 표정이나 몸짓을 많이 사용하여 자신의 의사를 표현하지만, 표현어휘가 증가하여 자신이 원하는 바를 단어로 말하거나, 단어를 조합하여 문장으로 표현하게 된다.

교사 지원 영아가 자신의 의사를 표정, 몸짓, 단어로 자유롭게 표현할 수 있도록 영아의 표현에 대해 적극적으로 반응한다. 영아가 알고 싶어 하는 단어가 많아져 질문을 자주 할 경우 길지 않고 자연스럽게 대답하도록 지원한다.

● 자신의 요구와 느낌을 말한다

2세 영아가 상대방에게 자신의 요구와 느낌을 자유롭고 편안하게 말하는 경험을 하는 내용이다. 의사소통에 있어서 상대방의 말을 듣고 이해하는 능력과 더불어 자신의 요구와 느낌을 상대방에게 전달하는 능력 역시 중요한 요소이다. 영아가 자신의 요구와 느낌을 상대방에게 자유롭게 표현할 수 있는 경험을 통해 영아의 말하기 능력을 향상시킨다.

교사 지원 영아가 자신의 요구와 느낌을 편안하게 말할 수 있는 기회를 많이 제공하고, 말이 자연스럽게 이어지지 않고 반응이 늦어지더라도 긍정적으로 수용하며 기다려 주도록 지원한다.

● 읽기와 쓰기에 관심 가지기

● 주변의 그림과 상징, 글자에 관심을 가진다

2세 영아가 주변 인쇄물의 그림이나 표지판, 상표와 같은 상징, 자신의 이름과 같이 친숙한 글자에 관심을 가지며 상징 읽기를 시도하는 내용이다. 영아는 일상생활에서 접하게 되는 그림책이나 환경 인쇄물에 포함되어 있는 그림, 글자에 관심을 보인다.

교사 지원   영아에게 손 씻기, 화장실 가기 등과 같은 기본생활습관을 그림과 함께 글자로 표현한 자료를 제공하고, 교구와 사물에 이름을 적은 카드를 붙여 두어 자연스럽게 그림과 상징, 글자에 친숙해지도록 환경을 조성해 준다.

● 끼적이며 표현하기를 즐긴다

2세 영아가 다양한 쓰기 도구를 이용하여 의도적으로 끼적이며 이를 상징화하며 표현하는 것에 관심을 갖고 즐기는 내용이다. 2세가 되면서 끼적인 내용에 이야기를 붙이거나 의미를 부여하기도 함으로써 의도적으로 끼적이기를 한다.

교사 지원   영아가 끼적인 종이에 어떤 내용을 끼적였는지 적어 주어 영아의 끼적이기 행동을 지속적으로 격려하고, 영아가 끼적인 그림에 의미를 부여하도록 질문하여 영아가 끼적이기에 명명하도록 기회를 제공한다.

● 책과 이야기 즐기기

● 책에 관심을 가지고 상상한다

2세 영아가 주변의 다양한 책을 보는 것을 즐기며 책의 내용을 자유롭게 상상하는 내용이다. 영아는 선호하는 책이 생기고, 책을 만들기도 하며 책 보기를 즐기게 되는 내용이다. 영아는 일상생활에서 자연스럽게 다양한 유형의 그림책을 접하고 책의 그림이나 내용을 토대로 하여 이야기를 상상해 보는 기회를 가진다.

교사 지원 영아의 경우 글자의 수가 적고 크기가 작은 책을 제공하여 시각적 변별력을 키워 주도록 한다. 영아에게 책을 읽어 줄 때는 책의 글자, 그림을 탐색할 수 있는 시간적 여유를 충분하게 주어 영아가 자신이 관심 있는 책을 자유롭게 탐색하고 상상할 수 있도록 지원한다.

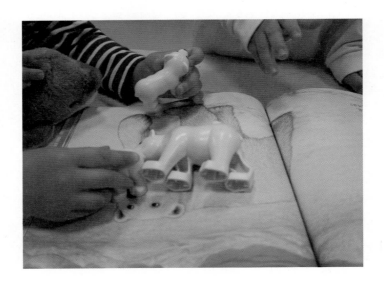

● 말놀이와 이야기에 재미를 느낀다

2세 영아가 다양한 표현의 말과 이야기 짓기를 즐기면서 말과 이야기의 변화에 재미를 느끼는 내용이다. 영아는 알고 있는 단어를 이용하여 짧은 문장을 구성하거나 비슷한 발음의 단어를 연속적으로 발음하면서 말놀이의 재미를 느낀다.

교사 지원 영아는 말의 운율이나 흥미로운 표현의 반복에 재미를 느끼므로
이야기의 내용 중 영아가 재미를 느끼는 부분을 반복적으로 들려주거나 재구성
하여 들려준다. 영아가 기존 이야기를 변형하거나 새로운 이야기를 상상하여 극
놀이를 즐길 수 있도록 극놀이 소품과 공간을 제공한다.

"코끼리 동시를 들려줄게요. 코끼리의 커다란 몸, 꼬리 좀 보아요.
아주 작아요. 꼬불꼬불 꼬불꼬불." "선생님! 선생님 머리도 꼬불꼬불해요!"

제7장
누리과정과 유아의 의사소통 경험

1. 3~5세 누리과정의 의사소통 영역
    1) 3~5세 의사소통 영역의 성격
    2) 3~5세 의사소통 영역의 목표
    3) 3~5세 의사소통 영역의 내용

2019 개정 누리과정의 의사소통 영역은 '듣기와 말하기' '읽기와 쓰기에 관심 가지기' '책과 이야기 즐기기'의 세 가지 내용범주로 구성되어 있다. 이 장에서는 3~5세 누리과정 의사소통 영역의 내용을 통해 유아의 언어발달을 지원하기 위한 의사소통 경험에 대해 알아본다.

1. 3~5세 누리과정의 의사소통 영역

유아는 주변 사람들과 소통하며 관계를 맺는 능동적인 의사소통자이다. 유아는 다른 사람의 말을 주의 깊게 듣고 자신의 생각과 느낌을 다양한 방법으로 표현하며 소통하는 것을 즐기고, 책과 이야기에 관심을 갖는다. 의사소통 영역은 유아가 다른 사람과 소통하며, 일상에서 만나는 글자나 상징에 관심을 가지고 책과 이야기를 즐기는 경험과 관련된 내용이다. 교사는 유아가 자신의 느낌과 생각을 적절하게 말하는 경험을 통해 바른 언어생활을 할 수 있도록 돕는다. 또한 유아가 아름다운 우리말이 담긴 책과 이야기에 흥미를 가지고 언어가 주는 재미와 상상을 충분히 즐길 수 있도록 지원할 수 있다(교육부, 2019).

1) 3~5세 의사소통 영역의 성격

- 의사소통 영역은 언어의 기본 형태인 구어와 문어를 활용하여 나와 다른 사람의 느낌이나 생각, 경험을 상황과 상대방에 알맞게 소통할 수 있는 능력을 기르는 영역이다. 또한 말과 글의 관계를 알고 읽기와 쓰기에 흥미를 가져 언어 사용을 즐기도록 하는 영역이다.
- 의사소통 영역은 유아가 일상생활에서 다른 사람의 말이나 이야기를 듣고 말하기를 즐기며, 주변의 상징을 읽고 글자와 비슷한 형태로 써 보기에 관심을 가지며, 다양한 책과 이야기를 통해 상상하기를 즐기는 내용으로 구성되어 있다.
- 의사소통 영역은 '듣기와 말하기' '읽기와 쓰기에 관심 가지기' '책과 이야기 즐기기'의 세 내용범주로 구성되어 있다.
  - '듣기와 말하기'는 유아가 다른 사람의 말이나 이야기를 관심 있게 듣고, 자신의 경험, 느낌, 생각을 상황에 적절한 단어를 사용하여 말하고, 고운 말을 사용하는 내용으로 구성되어 있다.
  - '읽기와 쓰기에 관심 가지기'는 유아가 말과 글의 관계에 관심을 가지고, 주변의 상징, 글자 등을 읽으며, 자신의 생각을 글자와 비슷한 형태로 표현해 보는 내용으로 구성되어 있다.
  - '책과 이야기 즐기기'는 유아가 다양한 책에 관심을 가지고 상상하며, 동화, 동시에서 말의 재미를 느끼고, 말놀이와 이야기 짓기를 즐기는 내용으로 구성되어 있다.

2) 3~5세 의사소통 영역의 목표

> 일상생활에 필요한 의사소통 능력과 상상력을 기른다.
> (1) 일상생활에서 듣고 말하기를 즐긴다.
> (2) 읽기와 쓰기에 관심을 가진다.
> (3) 책이나 이야기를 통해 상상하기를 즐긴다.

의사소통 영역의 목표는 3~5세 유아가 듣기, 말하기, 읽기, 쓰기의 의사소통 방식에 관심을 가지고 활용하며, 책과 이야기에서 상상하는 즐거움을 경험하기이다. 3~5세 유아가 일상생활에서 듣고 말하기를 즐기고, 그림과 문자 상징을 읽고 쓰기에 관심을 가지는 것과 책과 이야기를 통해 상상하기를 즐길 수 있는 경험을 하는 것을 목표로 한다.

● 일상생활에서 듣고 말하기를 즐긴다

☑ 유아의 듣기와 말하기

3~5세 유아는 서너 개의 단어로 구성된 단문의 문장에서 시작하여 점차 복잡한 문장을 만들 수 있고, 이해할 수 있다. 3세 유아는 '왜' '어떻게'라는 질문은 잘 이해하지 못하나, 5세가 되면 대부분의 질문에 대해 적절한 답을 할 수 있게 된다.

☑ 교사의 지원

유아는 자기중심적인 특성으로 인해 자기가 전달하고자 하는 말을 먼저 하고 싶어 하지만, 듣고 말하는 순서를 지켜야 타인과의 소통이 원활하게 이루어질 수 있음을 일상생활에서 경험할 수 있도록 지원한다.

● 읽기와 쓰기에 관심을 가진다

☑ 유아의 읽기와 쓰기에 관심 가지기

　3~5세 유아는 주변 환경에서 글이 있는 인쇄물이나 그림책을 읽어 주는 것을 듣게 되면서 읽기와 쓰기에 관심을 가진다. 유아는 글자와 비슷한 형태로 끼적이거나 글자 옆에 그림을 그려서 자신의 생각을 나타낸다. 유아는 말로 전달하는 것처럼 글로 자신의 생각을 상대방에게 전달할 수 있다.

☑ 교사의 지원

　3~5세 유아가 글자 쓰기를 시도할 때 완전한 철자법대로 쓰기를 강요하게 되면 유아의 쓰기에 대한 흥미가 감소하게 된다. 따라서 유아가 주변에서 쓰기 모델을 자주 접하면서 친숙한 글자를 써 보는 것을 즐기도록 지원한다. 완성된 글자 쓰기가 아니라 자신의 느낌, 생각을 글자와 비슷한 형태로 나타내는 과정에 중점을 두고 유아가 쓰기에 관심을 가지도록 한다.

● 책이나 이야기를 통해 상상하기를 즐긴다

☑ 유아의 책과 이야기 즐기기

유아는 주변에서 접하게 되는 그림책에 흥미를 가지며, 그러한 흥미를 바탕으로 그림책 보기를 즐기게 됨으로써 책의 소중함을 알게 된다. 그림책과 이야기를 즐기게 됨으로써 책과 이야기의 내용을 확장하여 다양한 형태의 상상하기를 즐기게 된다.

☑ 교사의 지원

교사가 3~5세 유아에게 책을 읽어 줄 때 책과 글자, 그림을 유아가 충분하게 탐색할 수 있는 기회를 주고, 다양한 질문과 반응을 끌어내는 상호작용을 시도하여 지원한다. 유아는 선호하는 책이 있으므로 유아가 읽고 싶어 하는 책을 직접 선택하도록 한다. 책의 문장 안에서 유아가 익숙한 단어를 찾아보게 하거나, 책의 결말을 다른 내용의 이야기로 바꿔 보도록 함으로써 유아의 상상력을 자극하도록 지원한다.

3) 3~5세 의사소통 영역의 내용

내용범주	내용
듣기와 말하기	• 말이나 이야기를 관심 있게 듣는다. • 자신의 경험, 느낌, 생각을 말한다. • 상황에 적절한 단어를 사용하여 말한다. • 상대방이 하는 이야기를 듣고 관련해서 말한다. • 바른 태도로 듣고 말한다. • 고운 말을 사용한다.
읽기와 쓰기에 관심 가지기	• 말과 글의 관계에 관심을 가진다. • 주변의 상징, 글자 등의 읽기에 관심을 가진다. • 자신의 생각을 글자와 비슷한 형태로 표현한다.
책과 이야기 즐기기	• 책에 관심을 가지고 상상하기를 즐긴다. • 동화, 동시에서 말의 재미를 느낀다. • 말놀이와 이야기 짓기를 즐긴다.

● 듣기와 말하기

● 말이나 이야기를 관심 있게 듣는다

유아가 다른 사람이 하는 말과 흥미로운 주제, 익숙한 경험이 담긴 이야기에 관심을 가지며 듣는 내용이다. 상대방이 하는 말과 전달하는 이야기에 관심을 가지고 듣고자 하는 기초적인 태도가 필요하다. 유아가 상대방의 이야기를 관심 있게 들으면 이야기의 주제를 파악하고 이야기가 전달하고자 하는 내용을 이해하게 된다.

교사 지원   유아는 이야기의 주제가 자신에게 흥미롭거나 이야기의 내용 중 일부가 재미있다고 생각되면 관심을 가지고 듣고자 하므로 교사는 유아에게 흥미로운 주제나 친근한 경험에 대한 이야기를 들려주는 기회를 제공한다.

● **자신의 경험, 느낌, 생각을 말한다**

유아가 상대방에게 자신의 경험, 느낌, 생각을 자유롭게 말하는 내용이다. 유아가 상대방에게 자신을 이해시키고 상대방과 소통하도록 자신의 경험, 느낌, 생각을 적극적이고 자발적인 방식으로 말하는 기회를 제공할 필요가 있다.

교사 지원　유아가 정확한 문장이나 이야기를 구성하기보다는 경험에 바탕을 둔 자신의 느낌과 생각을 자유롭게 말해 보도록 지원하고, 유아가 자신의 생각을 상대방이 이해하기 쉬운 문장으로 표현할 수 있도록 다양한 형태의 문장을 사용할 기회를 제공한다.

● **상황에 적절한 단어를 사용하여 말한다**

유아가 때와 장소, 대상과 상황을 고려하여 적절한 단어와 문장을 선택하여 말하는 내용이다. 유아가 자신의 경험, 느낌, 생각을 말할 때 말의 내용을 상대방에게 이해하도록 잘 전달하기 위해서는 때와 장소, 대상과 상황을 고려할 필요가 있다.

교사 지원　유아가 단순히 자신의 경험, 생각, 느낌을 상대방에게 일방적으로 말하는 것이 아니라 먼저 상대방의 기분과 감정을 배려하여 말하도록 지도한다. 유아가 현장학습을 위해 박물관, 병원 등 공공장소에 나갔을 때, 또래의 부모나 동생을 만났을 때와 같이 다양한 상황에서 상대방과 상황에 적절하게 말할 수 있는 기회를 제공한다.

● 상대방이 하는 이야기를 듣고 관련해서 말한다

유아가 다른 사람이 이야기하는 내용을 듣고 말하는 사람의 생각, 의도, 감정을 고려하여 말하는 내용이다. 상대방이 하는 이야기를 듣고 관련해서 말하기 위해서는 상대방의 이야기 내용에 등장하는 사람, 사물, 사건 등을 이해하는 능력이 선행되어야 한다.

교사 지원　상대방의 이야기를 듣고 관련해서 말하는 능력은 유아의 흥미와 능동적인 참여를 통해 유아 중심으로 이야기 나누기가 진행될 경우 효과적으로 향상된다. 상대방이 하는 이야기를 듣고 이야기 내용에 대해 궁금한 점이 있다면 유아가 스스로 질문하도록 기회를 제공한다.

● 바른 태도로 듣고 말한다

유아가 말하는 사람에게 주의를 기울이며 듣는 내용이다. 말을 끝까지 듣고, 자신의 의견을 말하는 내용이다. 상대방과 이야기를 듣고 자신의 의견을 말할 때 상대방을 존중하고 배려하면서 대화의 차례를 지켜 말하는 태도를 기르는 것이 중요하다.

교사 지원　다른 사람이 말할 때 끼어들지 않기, 여러 사람이 함께 이야기를 나눌 때 손을 들어서 말하는 순서 정하기, 자기 순서를 지켜 차례대로 말하기 등과 같은 이야기 나누기 규칙을 정해서 지키도록 지원한다.

● 고운 말을 사용한다

유아가 일상생활에서 자주 쓰는 유행어, 속어, 신조어, 상대방을 비난하는 말을 사용하지 않고, 우리말을 바르게 사용하는 내용이다.

교사 지원 또래, 교사, 부모 등 대화 상대방에 따라 존댓말이나 상대방에게 적절한 언어적 표현을 사용할 기회를 제공하고, 교사가 말하기 모델이 되어 유아가 바르고 고운 말을 지속적으로 사용하도록 의사소통의 기본예절을 지원한다.

● 읽기와 쓰기에 관심 가지기
● 말과 글의 관계에 관심을 가진다

유아가 일상에서 말이 글로, 글이 말로 옮겨지는 것에 관심을 갖는 내용이다. 글은 말과 달리 글자라는 언어부호 체계로 제시되므로 이를 해독하기 어려울 뿐만 아니라 표정, 몸짓 등 관련된 맥락이 없기 때문에 유아가 글을 읽고 의미를 이해하기는 어렵다. 따라서 누군가 글을 말로 변환해서 전달해 주는 과정이 필요하며, 유아는 이 과정에서 말과 글의 관계에 대해 이해하게 된다.

교사 지원 유아가 끼적인 내용을 다시 읽어 달라고 유아에게 요청하고, 교사가 그 내용을 받아써 주면서 유아가 말과 글의 관계를 이해하도록 지원한다. 유아가 말과 글의 관계에 관심을 가지도록 주위에서 눈에 띄는 단어나 유아가 알고 있는 글자를 찾아서 써 보는 기회를 유아에게 제공한다.

● 주변의 상징, 글자 등의 읽기에 관심을 가진다

유아가 일상에서 자주 보는 상징(표지판, 그림문자 등)이나 글자 읽기에 관심을 가지는 내용이다. 유아가 상징이나 글자에는 사람들의 생각과 감정, 정보가 담겨 있다는 것을 이해하는 내용이다. 일상생활과 관련된 친근한 인쇄물이나 글자를 접하게 되면서 자주 보았던 친숙한 상징, 글자가 의미하는 바를 이해하기 시작 한다.

[교사 지원] 유아가 간판, 광고지, 우유나 치약 상자에 있는 환경 인쇄물 글자, 포스터, 현수막 등 주변에서 쉽게 볼 수 있는 상징, 글자 자료를 찾아보고, 여기 에 제시된 상징, 글자가 의미하는 바를 설명해 줌으로써 유아가 글자 읽기에 관 심을 가지도록 지원한다.

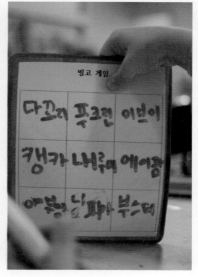

● 자신의 생각을 글자와 비슷한 형태로 표현한다

유아가 자신의 생각이나 말을 끼적이거나 글자와 비슷한 선이나 모양, 글자와 비슷한 형태로 표현하는 내용이다. 끼적이기를 통해 자신만의 글자로 쓰기를 즐긴 유아는 자신의 경험, 생각, 느낌을 조금씩 글자와 유사한 형태로 표현하고, 일상생활 속에서 자연스럽게 글을 접하고 다른 사람의 쓰기 행동을 관찰하여 모방한다.

교사 지원 유아가 자신의 이름이나 친숙한 글자를 써 보는 경험을 가지도록 역할 놀이나 쌓기 놀이, 미술 활동 중에 자연스럽게 놀이와 연계된 쓰기 경험을 지원한다. 유아가 자신이 경험한 것을 기억하여 이를 말로 표현하고 글로 표현해 보도록 지원함으로써 유아가 글자 쓰기에 대한 즐거움을 가지도록 돕는다.

● 책과 이야기 즐기기
● 책에 관심을 가지고 상상하기를 즐긴다

유아가 책에 흥미를 가지며 책 보는 것을 즐기고 상상하는 즐거움을 경험하는 내용이다. 유아는 자신이 흥미롭게 읽은 책의 내용을 바탕으로 책의 줄거리를 변형하거나 상상력을 동원해 결말을 바꾸는 창의력을 발휘한다.

교사 지원 유아가 책에 관심을 가지게 되면 유아의 발달 수준과 활동 주제에 연관된 그림책, 유아가 직접 만든 그림책을 책꽂이에 비치하고, 일정한 간격을 두고 새로운 책으로 교체하여 줌으로써 다양한 책의 내용을 바탕으로 유아가 상상력을 키울 수 있도록 지원한다.

● 동화, 동시에서 말의 재미를 느낀다

유아가 동화와 동시를 자주 들으며 우리말의 재미와 아름다움을 느끼는 내용
이다. 유아가 동화, 동시를 자주 접할 수 있도록 하여 동화, 동시에 등장하는 우
리말의 반복적 운율을 통해 아름다운 우리말을 특징을 이해하도록 한다.

[교사 지원] 유아가 동화, 동시 등의 다양한 문학 장르를 경험하고 이를 그림
책뿐만 아니라 그림자 동화, 손가락 인형 동화 등 다양한 매체를 통해 들으면서
의태어, 의성어와 같은 우리말의 재미를 더 즐기도록 지원한다.

● 말놀이와 이야기 짓기를 즐긴다

유아가 끝말잇기, 수수께끼, 스무고개 등 다양한 말놀이를 즐기는 내용이다.
자신의 경험, 생각, 상상을 기초로 새로운 이야기를 만드는 과정을 즐기는 내용
이다. 유아가 자신의 경험이나 마음속 상상에 기초하여 다양한 사건을 생각하고
사건과 사건을 연결하여 긴 이야기를 지어 말할 수 있는 능력이 필요하다.

[교사 지원] 유아가 실제로 경험한 사건이나 그림책에서 읽은 내용을 바탕으
로 특정 상황을 상상하여 줄거리가 있는 이야기를 지어 말하도록 기회를 제공
한다. 이처럼 유아가 이야기를 지어 말할 수 있는 기회를 자주 제공함과 동시에
유아가 만든 이야기를 또래에게 들려줌으로써 이야기 짓기를 즐길 수 있도록 지
원한다.

"우리가 보고 싶은 물고기 책은 어디 있을까?"
"선생님, 여기 있어요! 찾았어요~! 교실에 가지고 가요~"

제8장
영유아 의사소통 경험을
지원하는 환경

1. 전통적인 언어 영역 환경
1) 영아반의 언어 영역
2) 유아반의 언어 영역
3) 공용 공간의 언어 환경

2. 표준보육과정과 누리과정에서의 언어 놀이 환경
1) 영유아가 다양한 놀이와 활동을 경험할 수 있도록 실외 환경 지원
2) 교실의 흥미 영역은 영유아가 가장 좋아하는 놀이 중심으로 지원
3) 영유아와 환경 간에 능동적인 상호작용이 이루어질 수 있는 공간 지원
4) 놀잇감, 매체, 재료와 도구, 책 등으로 풍부한 자료 지원
5) 복도나 계단, 구석진 곳을 놀이 공간으로 지원

놀이지원 실습

카메라로 봐주세요.
영상을 확인하실 수
있습니다.

카메라로 봐주세요.
영상을 확인하실 수
있습니다.

영유아의 의사소통 경험을 지원하기 위해서는 언어 영역뿐 아니라 실내 · 실외 모든 공간에 풍부한 언어 환경을 제공하는 것이 중요하다. 실내 · 실외 모든 공간에 영유아가 '듣기와 말하기' '읽기와 쓰기에 관심 가지기' '책과 이야기 즐기기'를 경험할 수 있는 자료들을 준비한다. 풍부한 언어 환경은 영유아가 자발적이고 능동적으로 언어경험을 할 수 있게 하며, 언어능력을 습득하는 데 도움을 준다. 이 장에서는 영유아의 의사소통 경험을 지원하는 환경 구성에 대해 살펴보고자 한다.

1. 전통적인 언어 영역 환경

1) 영아반의 언어 영역

● 전통적인 영아반의 언어 영역

● 국전지 크기의 낙서판

● 교사와 함께 책을 읽을 수 있는 공간

영아반의 언어 영역은 교실의 가장 밝은 곳에 두되 출입구, 화장실, 음률 영역 등 상대적으로 소음이 많이 발생하는 곳과 떨어져 배치한다. **영아기는 점차 자신의 의사를 말로 표현하는 것을 즐기는 시기로, 언어를 이용한 의사소통에 많은 흥미를 보이기 시작한다.** 따라서 영아반의 언어 영역은 영아와 교사, 영아와 또래와의 언어적 상호작용을 풍부하게 경험할 수 있도록 공간을 구성한다. 또한 '책과 이야기 즐기기' 지원을 위해 교사가 영아와 함께 앉아 책을 읽어 줄 수 있을 만큼의 공간을 확보하고 영아들이 편안함을 경험하도록 아늑한 분위기로 구성한다. 언어 영역에는 '읽기와 쓰기에 관심 가지기'를 할 수 있도록 그림책뿐만 아니라 사진집, 말놀이책, 화보, 자동차 팸플릿, 전단지 등을 준비하여 영아들이 생활 속에 있는 그림 또는 상징, 간단한 문자와도 친숙해질 수 있도록 돕는다. 벽면에는 커다란 보드 판이나 전지와 함께 크레파스, 색연필, 매직 등을 비치하여 영아의 끼적이는 놀이를 격려한다. 자신의 말소리를 녹음하고 듣는 전자기기와 마이크, 전화기 등으로 '듣기와 말하기' 경험을 지원할 수 있다.

영아반의 언어 영역을 구성할 때는 다음과 같은 사항에 유의한다.

- 책꽂이는 영아의 특성을 고려하여 책의 표지가 잘 보이도록 정리한다.
- 자료를 스스로 제자리에 정리하도록 교구바구니에 사진 이름표를 붙인다.

- 되도록 자연채광이 잘 되는 밝은 곳에 구성하며, 아늑한 분위기를 위해 조명을 사용할 수 있다.
- 매트나 쿠션 등으로 안락하게 구성하여 휴식 공간으로 함께 사용할 수 있다.

2) 유아반의 언어 영역

● 전통적인 유아반의 언어 영역

● 동화 듣기 카세트 비치

● 궁금한 글자쓰기 노트 비치

유아반의 언어 영역도 '듣기와 말하기' '읽기와 쓰기에 관심 가지기' '책과 이야기 즐기기'와 같은 의사소통 경험을 할 수 있는 공간이다. 유아는 반복되는 경험을 통해 일상생활에 필요한 언어 능력을 향상시키고 올바른 의사소통 능력 및 태도를 기를 수 있다. 언어 영역은 주변의 강한 자극으로부터 떨어져 되도록 조용하고 안정된 공간에 배치하는 것이 좋다. 활동 주제나 유아의 흥미에 따라 다양한 언어활동 자료를 비치하여 의사소통이 통합적으로 이루어지도록 하며, 안락한 의자나 매트, 쿠션 등을 두어 편안하게 언어활동에 몰입할 수 있도록 지원한다.

3세 유아는 주변의 친숙한 인쇄물에 관심을 보이며, 그림책을 즐겨 본다. 따라서 3세반 언어 영역에는 '책과 이야기 즐기기' 경험을 지원하는 다양한 그림책을 제공해 주는 것이 필요하다. 읽기에 관심을 나타내지 않는 유아를 위해서는 직접 조작할 수 있는 책, 책장을 넘기면 입체가 되는 책, 홀로그램 책 등 다양한 종류의 책을 구비하여 흥미를 갖도록 한다.

'듣기와 말하기' 경험을 위한 자료로 동화 듣기나 유아의 목소리를 녹음하여 들어 볼 수 있는 전자기기와 헤드폰, 오디오가 있는 책, 이야기를 재구성하고 주제에 대한 대화를 나눌 수 있는 융판과 관련 자료, 소리듣기 교구, 말하기를 즐길 수 있는 인형과 인형극 틀을 비치한다. '읽기와 쓰기에 관심 가지기' 경험을 위해서는 자석판, 화이트보드와 보드 마커, 쓰기도구와 다양한 재질의 종이자료를 비치한다.

4세 유아는 쉬운 단어와 짧은 문장 읽기가 가능해진다. 따라서 '읽기와 쓰기에 관심 가지기' 자료를 좀 더 다양하게 제시할 수 있다. 짧고 반복되는 단어와 문장이 있는 동시, 동화를 제시해 주어 유아 스스로 글자 읽기에 흥미를 가지도록 한다. 자신과 친구 이름 쓰기, 보드판과 마커 펜, 자석글자 등을 쓰기자료로 비치한다.

5세 유아는 듣고 말하기 활동에서 나아가 '책과 이야기 즐기기'와 '읽기와 쓰

기에 관심 가지기' 놀이가 보다 활발하게 이루어진다. 3, 4세의 자료 외에도 주제에 따른 화보 모음책, 전문 잡지, 정보 그림책을 제시하며 쓰고 싶은 단어를 적거나 또래, 가족, 교사에게 하고 싶은 이야기를 문장으로 적어 편지쓰기를 할 수 있다. 이 외에 흥미 있는 주제와 관련된 책 만들기 활동을 할 수 있는 자료도 제공한다.

유아반의 언어 영역을 구성할 때는 다음과 같은 사항에 유의한다.

- 유아가 이야기를 만들고 녹음해 볼 수 있는 자료를 준비한다.
- 3, 4세는 '듣기와 말하기' 자료를, 5세는 '읽기와 쓰기에 관심 가지기' 자료를 더 많이 준비한다.
- 유아의 놀이와 활동의 과정이 반영된 결과물을 전시할 공간을 함께 구성한다. 교사는 전시물을 통해 유아에 대한 정보를 파악하고 교수적 판단을 할 수 있으며, 유아는 또래들과 결과물을 나누고 다음 놀이를 계획할 수 있다.

3) 공용 공간의 언어 환경

어린이집 유희실 또는 자투리 공간을 활용해 '책과 이야기 즐기기' 경험을 할 수 있는 별도의 책 공간을 지원한다.

책과 이야기 즐기기　공용 공간의 대출 · 반납함, 새책 소개, 책 읽기 영역

2. 표준보육과정과 누리과정에서의 언어 놀이 환경

1) 영유아가 다양한 놀이와 활동을 경험할 수 있도록 실외 환경 지원

책과 이야기 즐기기　실외에서 그림책 읽기

들기와 말하기 실외에서 곤충이야기
읽기와 쓰기에 관심 가지기 실외에서 끼적이기

놀이 환경은 유아가 놀이하는 실외·실내 모든 공간을 포함한다. 영유아가 보고 듣고 만지며 자유롭게 표현할 수 있는 놀이 환경은 놀이가 다양하게 어우러지도록 하는 중요한 교육적 자원이다. 따라서 교사는 다양한 실내외 놀이 환경을 제공하여 영유아의 놀이가 활성화되도록 돕는다(교육부, 2019).

2) 교실의 흥미 영역은 영유아가 가장 좋아하는 놀이 중심으로 지원

교실을 포함한 어린이집의 실내 공간은 영유아에게 가장 친숙한 놀이 환경이다. **교사는 놀이 공간을 구성하고 변형해 나가며 영유아의 자유로운 놀이를 지원**할 수 있다. **교실의 흥미 영역은 영유아들이 가장 좋아하는 놀이를 중심으로 구성하는 것**이 좋으며, 영유아들이 흥미를 보이지 않는 영역은 다른 영역과 통합하여 재구성하거나 다른 영역으로 대체하는 것도 가능하다. 또한 **영유아의 관심과 흥미, 요구에 따라 새로운 영역을 구성할 수 있으며, 이때 영유아가 주도적으로 놀이 영역을 창조할 수 있도록 지원**해야 한다(교육부, 2019).

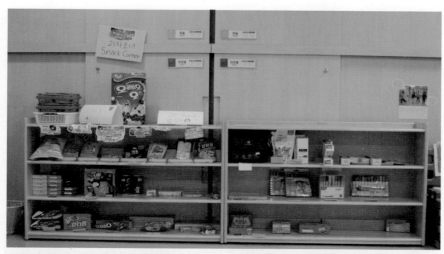

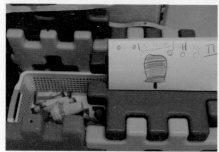

읽기와 쓰기에 관심 가지기　　유아의 흥미와 마트 놀이하자는 요구에 따라 '마트 놀이 영역' 구성

"아이스크림 냉장고도 있어야 할 것 같아요."

듣기와 말하기

유아들이 제안한 아이디어로
'이불장 미술관 영역' 구성

"전시장이 되면 이불은 어떻게 해?"
"다른 곳으로 옮기면 되지!"

읽기와 쓰기에 관심 가지기

유아들의 주차타워 흥미가
지속되어 '주차장 놀이 영역'
구성

"선생님, 우리 주차타워 만들
었는데 부수지 않아도 돼요?"
"임산부와 장애인 전용 주차장
표시도 있어야 해요."

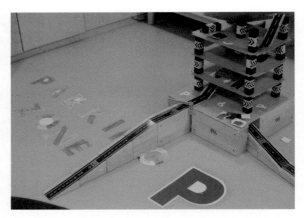

듣기와 말하기

영아들의 색과 모양에 대한
흥미로 '색깔 영역' 구성

"여기는 빨간 특공대야."
"나는 파란 경찰관이야. 파란
색은 내가 정리해 줄게."

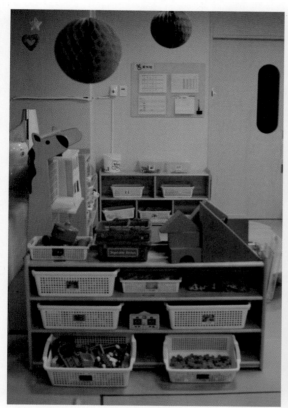

3) 영유아와 환경 간에 능동적인 상호작용이 이루어질 수 있는 공간 지원

영유아 놀이 중심 교육과정에서는 영유아와 환경 간의 상호작용이 매우 중요하다. 환경은 영유아의 놀이가 활성화되는 배경이자 영유아가 다양한 배움을 경험하는 원천이다. 영유아와 환경 간의 상호작용은 영유아 주변의 친근한 공간, 자료, 일상생활에서 자연스럽게 접하는 모든 환경과의 교감을 포함한다. 영유아는 놀이에서 **다양한 사물, 자료, 자연물 등을 만져 보고 움직여 보며** 새로운 흥미와 관심을 가지게 되고, 이는 창작적 표현으로 이어지기도 한다(교육부, 2019).

듣기와 말하기 　영아들이 가을 환경과 교감하면서 표현한 말

"떨어진 나뭇잎은 햇볕을 쬐고 있어요."
"나뭇잎이 하늘을 날고 있어요."
"나뭇잎 꽃처럼 알록달록해."

　　영유아는 종이로 접은 새에게 물을 주기도 하고 나뭇잎이 떨어진 나무를 춥다고 감싸 주며 즐거워한다. 영유아가 **환경과 교감하면서 표현하는 말과 행동은 모두 영유아가 환경과 상호작용하며 배우는 과정**이다. 교사는 영유아와 환경 간의 상호작용에 주의를 기울이고 존중하며 영유아들이 환경과 즐겁게 상호작용할 수 있도록 지원한다(교육부, 2019).

영아들이 성장하는 콩나물과
교감하면서 표현한 말

"많이 먹어."
"콩이 자라서 나무가 될 거
같아."

"이게 가장 크다."
"밥을 잘 먹어서 그런가?"
"콩나물은 물을 먹지!"

영아들이 표현한 말을 바로 적
어서 사진에 붙여 주고, 놀이
중 또래들과 사진을 보며 친구
들이 했던 말을 읽어 주기

"6월 23일, 콩나물아 고마워."
"6월 24일, '콩이 작았었는데
점점 커졌어!'라는 지윤이의
말을 적었어~"

4) 놀잇감, 매체, 재료와 도구, 책 등으로 풍부한 자료 지원

놀이자료는 놀이에 사용할 수 있는 놀잇감, 매체, 재료와 도구 등을 포함한다.
영유아에게 놀이자료는 자신의 감정과 생각, 상상 들을 자유롭게 표현하는 수단
이자 세상에 대한 이해를 넓혀 나가는 데 중요한 역할을 하는 매개물이다.

교사는 영유아에게 **일상의 평범한 사물, 자연물, 그림책, 재활용품 등**을 적절
히 제공할 수 있으며 **계절이나 행사, 국경일과 관련된 자료**는 시기에 맞게 제공

할 필요가 있다. 또한 **물과 모래, 블록과 종이** 등 **비구조적인 열린 자료**를 풍부하게 제공하여 영유아가 자신만의 방식으로 활용할 수 있도록 지원한다(교육부, 2019).

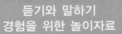 듣기와 말하기 경험을 위한 놀이자료		
		**전화기** 엄마, 아빠에게 전화해 어떤 놀이를 하는지 말하기, 선생님 또는 친구와 전화해서 인사하기, 서로 이름 묻고 말하기 등의 경험을 지원한다.
	휴대폰 공기계+전화번호부 가게 놀이에서 전화로 주문 하고 주문받기, 가게 이름 안내하기, 영업하는 요일과 시간 묻고 답하기, 자기소개 하기 등의 경험을 지원한다.	**손 인형+대본** 상상력과 물활론적 사고를 가진 유아기에 집중해서 듣 는 것의 즐거움을 경험할 수 있 는 손 인형을 비치한다. 

전자기기+듣기 음원	새소리 듣기	보드게임+점수판
운율이 있는 말놀이, 엄마 아빠의 목소리, 교통기관이나 일상의 가전 소음, 전래 동화 등 다양한 주제의 듣기자료를 스피커와 함께 제시한다. 	여러 종류의 새소리를 듣고 소리와 카드 그림을 맞추는 놀잇감으로 일상적으로 잘 듣지 못하는 자연의 소리 듣기를 지원한다. 	게임 규칙을 주의 깊게 듣고 점수를 따기 위한 방법을 논의하는 경험을 지원하는 주사위 게임판, 윷놀이, 할리 갈리 등의 보드게임을 제시한다. 
		 붐 마이크+전자 마이크 마이크 들고 혼잣말하기, 짧은 노래 부르기, 무대에서 공연하기, 녹음해서 듣기와 같은 경험을 지원한다.
다양한 역할, 직업, 인종, 연령의 인형 할아버지, 할머니가 있는 가족 인형, 군인, 경찰, 간호사 등의 직업 인형, 다양한 인종 인형으로 사회극 놀이를 하며 듣고 말하는 경험을 지원한다.		

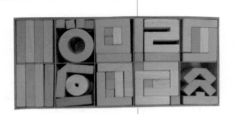

**읽기와 쓰기에
관심 가지기
경험을 위한 놀이자료**

낱글자 한글 블록+단어카드
자음, 모음으로 구성된
한글 낱글자 놀이 블록으로
이름 또는 궁금한 단어들을
만들고 사진을 찍어
게시할 수 있다.

통글자 도장+스탬프
통글자 한글 도장으로
이름, 카드에 있는 단어들,
궁금한 글자를 만들고 사진을
찍어 게시할 수 있다.

읽기자료들, 주제 관련 화보
양치질 순서, 손 씻는 순서,
자신과 또래 이름표, 교구
바구니 이름표, 주제 관련
화보 등 다양한 읽을거리를
여러 공간에 게시한다.

낱글자 알파벳 자석
+단어카드, 보드판
이름, 주변에서 보이는 영어
단어, 궁금한 글자를
만들 수 있는 알파벳 낱글자
자석을 보드판과 함께
제시한다.

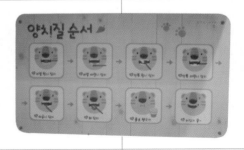

연필, 지우개
연필꽂이, 연필 깎기,
연필을 거꾸로 꽂아 안전하
게 보관할 수 있는 필통과
지우개, 연필 깎기와 연필을
여러 곳에 비치한다.

궁금한 글자 노트
편지쓰기, 간판 만들기, 쌓기
나 미술 작품의 제목 쓰기,
안내문 또는 규칙 쓰기, 이름
쓰기 등 놀이 중 궁금한
글자를 보고 따라 쓸 수 있는
개인 노트를 준비한다.

다양한 쓰기도구
아주 쉽게 그려지는 크레파
스, 매직, 사인펜, 색연필 등
다양한 쓰기도구를 제시한다.

말을 적어 줄
메모지+게시 공간
영유아가 표현한 생각과
느낌, 감정을 글로 적을 수
있는 메모지와 게시 공간을
일상적으로 준비한다.

드로잉 보드 또는
대형 보드+마커펜/지우개
영아들의 끼적이기, 그림글
자 쓰기 경험을 지원하는 드
로잉 보드, 유아들의 단어쓰
기를 지원하는 보드를
마커펜과 함께 지원한다.

우체통+편지지 또는 엽서
친구의 생일축하 편지, 선생님
께 드리는 감사 편지, 엄마 아
빠에게 보내는 사랑 편지 등
쓰고 읽는 경험을 지원한다.

0~2세

영아책과 낮은 투명 책꽂이
작은 그림책들의 전면이 모
두 보이는 투명 칸막이 책꽂
이에 헝겊 책, 소리 나는 책,
하드커버 그림책 등 영아용
책을 비치하며 동일한 책을
2~3권씩 준비한다.

**책과 이야기 즐기기
경험을 위한 놀이자료**

3~4세

놀이 관련 주제책과 책꽂이
중간 높이의 책꽂이에
기본생활습관 또는 사회성
그림책을 포함해 놀이 주제
와 관련된 다양한 그림책을
비치한다.

5세

전집, 단행본, 유아들이 만든
책과 높은 책꽂이
높은 책꽂이에
주제 관련 그림책, 전래동화,
환상동화, 사전, 전집, 정보
동화, 동시 등 다양한 장르의
책을 비치한다.

다양한 영역의 책
색종이접기 책, 화가들의 화
집, 점선면과 같은 미술 요소
가 담긴 책은 미술 영역에,
실험, 우주, 동식물, 수세기
등의 수 · 과학 관련 책은 탐
색 영역에 비치하는 등 놀이
영역별 책을 비치한다.

극놀이 대본+녹음기	극놀이 막대인형+인형극 틀	동극용 가면
극놀이 대본은 유아들과 함께 만들 수도 있고 교사가 만들어 제시할 수도 있다. 녹음할 수 있는 기기와 함께 지원한다.	호랑이, 할머니, 지게, 송곳, 알밤 등 극에 등장하는 막대 인물과 인형극 틀 등 영유아의 극놀이를 지원한다.	강아지, 여우, 공룡 등 다양한 가면으로 동물의 소리나 몸짓 흉내, 그림책의 등장인물이 되는 극놀이를 지원한다.

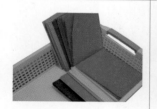

상상 놀이 소품
『수박 수영장』 그림책에
나오는 수박 부채, 수박 비치
볼, 수박 문양 종이처럼 등장
소품을 구성해 영유아들의
상상놀이를 지원한다.

책 만들기+주제 유인물	좋아하는 책+투표지	
색지로 만든 8쪽 책 만들기 자료와 주제에 따른 화보, 사진, 실물 등을 비치해 개별적으로 원하는 책을 만들어 볼 수 있도록 지원한다.	자신 좋아하는 책이 무엇인지 생각하고 선택하는 경험은 매우 중요하다. 막대그래프, 스티커 붙이기, 독서통장 등의 교재들을 일상적으로 준비한다.	

교사는 그림책에 대한 이해를 높여 영유아가 개인의 흥미와 발달, 다양한 장르의 문학으로 '책과 이야기 즐기기'를 경험할 수 있도록 지원한다.

아동문학 장르는 전래동화, 생활동화, 환상동화, 정보동화, 동시로 구분된다.

전래동화

옛 이야기인 전래동화를 비치해 영유아가 지역의 전통과 생활, 민족적·지역적 특성, 사회 구성원의 생각과 정서를 경험할 수 있도록 지원한다.

전래동화는 이야기의 구성이 뚜렷해 극놀이에 활용하기도 좋다.

국립어린이청소년
도서관

사서추천도서 검색

그림책 박물관

수상작 도서, 작가별 도서 검색

출판사 비룡소

주제별 도서 검색

생활동화

　생활동화는 영유아의 주변세계, 일상 경험을 사실적으로 다루고 있다.

　교사는 생활동화를 비치해 영유아가 나의 몸과 감정, 가족과 친구, 기본생활습관, 사회 문제와 같은 이야기를 경험할 수 있도록 지원한다.

환상동화

환상동화를 통해 상상 가득한 꿈의 세계를 볼 수 있다.

환상동화는 일상과 공상 요소를 자연스럽게 결합하고 있어 영유아들에게 '상상과 실재성'의 경험을 함께 지원할 수 있다.

동시

동시는 생각과 감정을 짧은 언어로 표현하고 운율과 리듬을 가진 말의 즐거움 느낄 수 있도록 지원한다.

교사는 이동시간, 전이시간, 놀이시간 등 일과 중에 반복적으로 동시를 노출해 영유아가 동시를 좋아하고 친숙하게 즐기도록 할 수 있다.

정보동화

정보동화는 정확한 정보전달을 목적으로 영유아가 필요한 정보를 찾아보고 활용하는 태도를 기를 수 있다.

교통기관, 색과 모양, 몸, 식물과 동물, 우리나라, 직업과 같은 주제의 사실적 정보 탐색을 지원한다.

글 없는 동화, 생각을 기르는 동화

글 없는 그림책이나 주인공이 아닌 등장인물의 입장에서 집필한 동화 또는 사랑, 환경, 나눔, 안다는 것 등의 주제를 다룬 동화는 영유아들이 생각하는 힘을 기르게 한다.

한 권의 책을 함께 읽고 창의성과 인성, 철학 활동의 교재로 사용할 수 있다.

교사는 **영유아가 찾아낸 새로운 놀이자료나 창의적인 놀이 방식을 인정하고 존중**해야 한다. 놀이자료를 제공할 때는 영유아가 자유롭게 탐색할 수 있도록 **자료의 사용 방법이나 놀이 방식을 지나치게 제한하지 않도록** 유의한다(누리과정 해설서, 교육부, 2020).

읽기와 쓰기에 관심 가지기

가을열매 수집해 책 만들기
그림책에 나온 자연물을 모아서 '나의 가을' 책 만들기 자료로 사용한다.

듣기와 말하기

포크레인 교구장에 걸기
포크레인을 교구장에 나란히 걸어 놓고 유심히 관찰하는 놀이를 만들어 즐긴다.

**영유아가 찾아낸
새로운 놀이 교구**

읽기와 쓰기에 관심 가지기

빨간색 놀잇감들로
수박요리 만들기
빨간색 레고블록, 솜공, 몰펀블록을 수박 주스 재료로 사용한다.

듣기와 말하기

수영장 미끄럼틀 책상
수영장 미끄럼틀을 만들기
위해 책상과 빅와플 블록을
찾아 사용한다.

읽기와 쓰기에 관심 가지기

터치 놀이판
교실에 들어가며 또래와
장난칠 수 있는 놀이를 정해
놀이판(막춤 추기,
하이파이브, 엉덩이 치기 등)
을 만들어 붙인다.

읽기와 쓰기에 관심 가지기

박스 자판기
자판기에 관심을 가지기
시작해 동영상을 보고
진짜처럼 음료를 밀어서
떨어지는 박스 자판기를
제작해 놀이에 사용한다.

듣기와 말하기

박스 놀이들
끼적이기를 위해 제시한 박
스에 여러 명이 함께 들어가
는 놀이를 찾아 즐긴다.

5) 복도나 계단, 구석진 곳을 놀이 공간으로 지원

교실 밖의 복도나 계단, 구석진 공간 등 다양한 공간에서 영유아와 놀이할 수 있다. 교실 밖 공간을 사용할 경우에는 먼저 안전에 문제가 없는지 파악한 후에 놀이 공간을 구성할 수 있다(교육부, 2019).

듣기와 말하기

● 복도를 놀이 공간으로 구성

미술 영역의 색 테이프를 길~게 뜯자 영아들이 관심을 보여 복도로 이동, 옷걸이 등을 정리한 후 놀이 공간으로 구성

색 테이프 놀이

"누구 테이프가 더 길어요?"
"(밟아서 뭉침) 테이프 신발이야."
"거미줄에 걸린 것 같아."
"내가 구해 줄게." "고마워."

(뭉친 테이프가 공 모양이 됨)
"우리 테이프 공 던지기나 굴리기 놀이 어때?"
"출발선을 정해요."

듣기와 말하기

● 계단을 놀이 공간으로 구성

가드에 계속 올라가는 영아들을 보고 비상계단을 놀이 공간으로 구성

<u>점프 놀이</u>

"(모델링) 무릎을 굽히고 팔을 흔들어요. 하나, 둘, 셋 하면 점프해요."

"우와~~"

"나도 해 볼래요."

"점프"

"(모델링) 팔을 쭉 뻗어요."

"팔을 쭉~~"

"(성공) 대따~~"

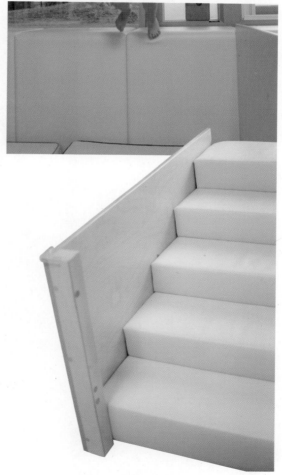

듣기와 말하기

● 구석진 공간을 놀이 공간으로 구성

작은 구멍이 있는 안대에 흥미를 보여 숨바꼭질이 시작되었으나 숨을 곳이 제한되어 있어 교실 밖으로 나옴. 유희실에서 구석진 공간을 찾고 블록을 쌓아 놀이 공간으로 구성

숨바꼭질

"(규칙을 다시 정하고 들려줌) 숨어 있다가 이동해도 되는 걸로 바꿔 볼까?"
"반칙 행동을 정해요."
"(시작하는 말을 정함) 하나, 둘, 셋! 너희를 찾겠다~"

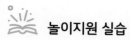 **놀이지원 실습**

☑ 영아 또는 유아반에서 일어날 수 있는 가상의 놀이를 생각해 보세요.

☑ '듣기와 말하기' '읽기와 쓰기에 관심 가지기' '책과 이야기 즐기기' 내용범주별로 언어 교구 10점과 그림책 10권을 선택해 보세요.

☑ 실내 또는 실외 공간에 생각한 놀이 영역을 구성하고, 의사소통 경험을 지원하는 놀잇감 비치 계획을 세워 보세요.

신사임당의 아들이에요. 이조 판서. 병조판서등을
지냈어요. 선조에게 나라를 다스리는 데 필요한 새
육조 를 지어바쳤으며 왜구의 침입을 예견하고
10만병의 군사를 길러야 한다는 10만양병설을
주장하였어요.

"지원아, 율곡 이이는 어떤 사람일까?"
"신사임당의 아들이에요. 이조판서, 병조판서 등을 지냈어요."

제9장
영유아 의사소통 경험을
지원하는 상호작용

언어는 의미 있는 상황에서 가장 잘 발달하는데, 의미 있는 상황이란 영유아에게 의미 있고 흥미로운 상황을 말한다. 풍부하고 의미 있는 경험으로 가득 찬 교실에서 매일 언어의 욕조에 아이들을 담그는 것이 우리가 영유아의 언어능력을 향상시킬 수 있는 최선의 방법이다(Lindfors, 1980).

1. 일반적인 교사의 상호작용

교사는 영유아와 함께하는 일상과 놀이, 활동에서 영유아의 경험과, 배움, 발달을 촉진하고 지원하는 상호작용을 한다. 교사의 상호작용, 즉 교수행동은 영유아를 관찰하여 언제 개입하며, 어떤 내용을 어떻게 지원할지를 결정하고 실행하는 것이다.

반응적	←	중재적			→	지시적
인정하기 acknowledge	모델보이기 model	촉진하기 facilitate	제안하기 support	참여하기 co-construct	발문하기 question	지시하기 direct

1) 인정하기

● 교사의 상호작용에서 '인정하기'는 어떻게 나타나고 있나요?
(미술 영역에서 밀가루 반죽을 주무르고 있는 나현에게 다가가)
교사: 현이가 반죽을 손으로 주무르니까 이렇게 점점 더 길어지고 있네.
나현: (자신이 주무르던 반죽을 들어 교사에게 보여 주며 웃는다.)
교사: 우와~ 이렇게 길게 되었구나.
나현: (반죽을 더 세게 주무르다 두 손으로 반죽을 양쪽으로 잡아당기며 늘인다.)
교사: 더 길게 만들고 싶구나.
나현: (고개를 끄덕이며 반죽을 조금씩 더 당긴다.)

인정하기는 교사가 영유아에게 관심을 보이고 긍정적인 격려를 하는 것이다. 영유아가 놀이에 참여하거나 자발적으로 시도하는 것에 주의를 기울여 지지하고 격려할 때, 영유아는 자긍심을 가지고 보다 적극적이고 즐겁게 놀이에 참여하게 된다. 인정하기는 영유아가 자발적으로 선택하고 탐색하며 놀이하는 과정에 교사가 표정, 몸짓, 언어로 반응하며 지지를 보내거나, 칭찬으로 격려하기를 통해 이루어진다. 영유아를 인정하기 위한 칭찬의 경우, 사실에 근거하여 구체적으로 이루어져야 한다. 교사의 추상적이거나 지나친 칭찬은 형식적으로 전달되어 영유아가 이에 무감해지거나, 평가로 느껴져 영유아의 생각과 행동을 제한할 수도 있음을 주의해야 한다.

2) 모델 보이기

모델 보이기는 교사가 영유아가 경험하고 배우기를 바라는 말과 행동, 태도 등을 직접 보여 주는 것이다. '아이는 어른의 거울'이라는 말이 있듯, 영유아는 교사의 지시적인 교수보다 교사의 모습을 자발적으로 따라하며 보다 효과적으로 새로운 지식, 기술, 태도를 배울 수 있다.

● 교사의 상호작용에서 '모델 보이기'는 어떻게 나타나고 있나요?

(등원하여 아직 엄마 등 뒤에서 머뭇거리는 준성이에게 교사에게 다가가)

교사: 준성이 왔구나. 어서 와.

준성: (선생님을 멀뚱히 쳐다본다.)

교사: (배꼽 손을 하고 허리를 숙이며) 준성이, 안녕하세요!

준성: (잠시 후, 배꼽 손을 하고 허리를 숙이며) 안녕하세요.

● 또래 간의 친사회적 기술 중 '고마워.' '빌려줄래?'와 같은 긍정적 언어표현을 익힐 수 있게 하는 교사의 모델 보이기 상호작용을 연습해 보세요.

3) 촉진하기

● 교사의 상호작용에서 '촉진하기'는 어떻게 나타나고 있나요?

(마트놀이를 위해 블록을 쌓던 나윤이가 교사에게 다가와서)
나윤: 선생님, 여긴 빵가게 할 거예요. 빵가게 써주세요.
교사: 자, 여기 '빵-가-게'라고 이렇게 쓰면 되지?
나윤: 그럼 이제 옷가게도 써주세요.
교사: 빵가게도 있고, 옷가게도 있구나. 가게가 많네.
　　　옷…… 그럼 가게는 어떻게 쓰면 될까?
나윤: (교사가 쓰던 매직을 받아들고) 가게는 여기 있어요. 빵가게에…… 가-게-!

촉진하기는 교사가 영유아가 혼자 수행하기는 어렵지만, 교사가 최소한의 도움을 주어 기대하는 행동을 습득하거나 문제를 해결할 수 있도록 지원하는 것이다. 교사는 글자에 관심을 보이는 유아에게 점선으로 쓰인 이름표를 제공하여 보다 수월하게 스스로 이름을 써볼 수 있도록 물리적 도움을 주거나 곰곰이 생각하며 스스로 완성하도록 용기를 주고 격려하는 정서적 지원을 통해 글자쓰기 경험을 촉진할 수 있다.

4) 제안하기

제안하기는 교사가 영유아의 놀이나 활동을 지원하기 위해 공간, 자료, 시간 등을 지원하는 것이다. 새로운 놀이방법이나 놀이자료를 일방적으로 제안하기 보다는 관찰을 통해 영유아의 흥미와 관심에 기반하여 지원하는 것이 좋다. 때로 교사는 안전이나 교육적 가치에 기반한 제안을 하게 된다. 예를 들어, 함께 놀이하면서 지켜야 하는 약속과 규칙이 있을 때, 유아가 규칙의 필요성을 느끼면서 적절한 규칙을 만들어 보도록 제안할 수 있다.

● 교사의 상호작용에서 '제안하기'는 어떻게 나타나고 있나요?

(도서 영역에서 장난을 치고 있던 현완이와 윤재에게 교사는 책을 한 권 골라 와서 권한다.)

교사: 얘들아, 우리 이 책 같이 읽어 볼까?

현완: 그거 말고요. 제가 골라 올게요.

윤재: 어. 나 100층짜리 집 보자.

현완: 이건 계속 올라간다. 100층까지.

교사: 우와. 그럼 우리 한사람씩 차례로 책장 넘겨서 100층까지 가 볼까?

5) 참여하기

참여하기는 교사가 영유아의 놀이나 활동에 참여하여 해결해야 하는 문제나 발달과업을 지원하는 것이다. 교사는 아이들의 놀이에 함께하며 즐거움을 공유하며 소통하는 가운데, 아이디어 결핍이나 의견 충돌 등의 문제를 해결하는 데 도움을 주며 새로운 지식이나 정보를 함께 알아 가게 된다.

● 교사의 상호작용에서 '참여하기'는 어떻게 나타나고 있나요?

(‘커다란 순무’ 이야기를 동극으로 표현하며, 순무를 맡은 태빈이가 친구들이 자꾸 당겨서 불편하다고 하자)

희주: 순무는 힘이 센 사람이 해야 돼.

소령: 그럼, 선생님이 순무할래요?

교사: 그럼, 선생님이 이 순무가면 쓰고 여기 있으면 될까?

희주: 네. 자, 다시 시작한다. 할아버지는 할머니를, 할머니는 손녀를, 손녀는 강아지를, 어, 강아지 어딨어? 우리가 선생님 순무 뽑아 줄게요.

6) 발문하기

● 교사의 의도에 따른 교사의 언어 사용

교사의 의도	교사의 언어
확장	좀 더 말해 보자.
명료화	~라는 의미니?
구체화	누구를 보았니?
반복	다시 한번 말해 주겠니?
정보 제공	그림을 찾아 줄 수 있니?
추측 · 문제해결	만약~라면, 어떻게 했을까?
창의적 사고	어떤 이름이 좋을까?

출처: Machado (2016).

발문하기는 교사가 영유아의 관심과 흥미, 의도를 알아내기 위해서가 아니라 영유아가 사고를 확장하고 스스로 문제를 찾고 해결하도록 질문하고 대화하는 것이다. "이것은 무엇이니?" "어떻게 할 거니?"와 같이 기대하는 답을 둔 질문보 다는 "네가 그 아이였다면 어떻게 했을 것 같니?" "그것도 좋은 방법인데, 무섭진 않을까?"와 같이 유아와 능동적으로 생각을 나눌 수 있는 질문이 바람직하다. 이 러한 질문은 유아가 보다 높은 수준으로 사고 할 수 있도록 유도하며, 교사는 유 아의 상상력과 통찰력을 공유할 수 있게 된다.

7) 지시하기

지시하기는 교사가 영유아에게 세부적이고 구체적으로 특정 행동이나 특정 방향에 대해 지시하는 것이다. 따라서 교사의 의도가 가장 강한 교수행동이다. 교사는 영유아가 지시를 정확하게 이해할 수 있도록 명확하게 지시한다.

● 교사의 상호작용에서 '지시하기'는 어떻게 나타나고 있나요?

(하루 일과를 아이들과 집단으로 이야기하면서)

교사: 윤아, 이번에는 윤이가 나와서 점심 먹고 나서 뭐 할지 골라 볼까?

나윤: 낮잠도 자고 간식도 먹어요.

교사: 여기에 있는 글자카드에서 골라 보세요. 특별활동은 글자가 복잡하게 생겼네.

2. 의사소통을 지원하는 교사의 상호작용

1) 정교하게 말하기

영유아에게 언어를 가르칠 수 있는 가장 좋은 방법은 영유아가 경험하고 있는 실제 상황을 교사가 정교하게 묘사해 주는 것이다. 교사가 영유아가 따라할 수 있는 수준의 말을 하고, 이를 비슷하게 모방했을 때 칭찬으로 강화하는 방법으로 접근할 수도 있지만, 궁극적으로 언어능력을 향상시키기 위해서는 풍부한 언어 사례를 제공할 필요가 있다. 영유아가 쌓기놀이를 하고 있을 때, 교사는 "가장 긴 블록을 아래에 놓고, 짧은 블록 여러 개를 위에 세우니까 균형이 잘 맞아 보이네. 튼튼하고 안정적인 느낌이야."라고 말하며 쌓기놀이를 정교하게 해 줄 수 있다. 또한 영유아가 직접 경험하고 있는 놀이와 행동에 대한 교사의 묘사는 영유아가 맥락 속에서 단어와 표현을 더 빨리 익힐 수 있게 한다.

● 물리적 사물 묘사하기

영유아는 교사가 새로운 사물이나 의미 있는 물건을 명명하고, 표현하는 것을 보면서 새 단어를 배운다. 영유아가 풍선을 탐색하고 있을 때, 교사가 "풍선이 탱탱하네. 손으로 꾹꾹 눌러도, 다시 탱탱!"이라고 묘사하는 말을 건넬 수 있다. 교사는 영유아의 놀이에서 배움이 일어나는 결정적인 순간을 포착하고, 풍부한 기술과 묘사가 있는 대화를 모델링하는 가운데 흥미롭고 주요한 사물의 이름을 제시할 수 있다.

● 신체적 동작 묘사하기

영유아는 놀이와 일상에서 늘 몸을 움직인다. 아이들의 자발적인 움직임, 신체적 활동은 언어적 상호작용에 이상적인 맥락이 될 수 있다. 교사가 풍선을 발로 차는 영유아를 보며, "우와~ 무릎을 쭉 펴니까 발이 높이 올라가네. 풍선에 곧 닿겠는걸!"이라고 행동을 묘사하는 말을 건넬 수 있다. 이렇게 영아의 동작을 언어로 표현해 주면 동작을 하는 영유아와 그 동작을 보고 있는 영유아는 자신들의 동작에 대해 보다 분명하게 인식하며 이렇게 표현된 언어는 보다 잘 인식이 된다. 이를 통해 영유아는 문법과 단어를 자연스럽게 이해하고 익힐 수 있다.

● 사회적 관계 묘사하기

영유아는 다른 사람과 소통하기 위해서 언어를 배운다. 아이들이 사회적 소통의 수단으로 언어를 경험할 수 있도록 교사는 실제 상황에서 효과적인 언어 사용을 모델링 하고, 격려해야 한다. 친구들이 색종이를 먼저 골라 원하는 색이 없어 울먹이는 영유아에게 "빨간색이 없어서 속상했구나. 그럴 땐 '빨간 색종이가 더 필요해요!'라고 부탁하면 돼."라고 말해 주는 것은 영유아가 자신의 감정을 표현하고 긍정적인 소통을 배우도록 도와준다. 또한 단순히 어휘나 문법을 정확히 사용하는 것뿐 아니라 사회적으로 효율적인 억양과 표현방식을 알려 주어 보다 효율적인 소통을 하도록 도울 수 있다. 또래와 놀잇감 분쟁이 일어나 소리를 지르는 영유아에게 "민우가 소리를 질러서 선생님이 깜짝 놀랐어. 지연이도 도망가잖니. '지연아, 나랑 같이 하자.'라고 얘기해 봐."라고 지원하는 것은 또래 간에 긍정적인 상호작용을 경험할 수 있는 기회를 제공한다.

2) 긍정적인 반응하기

교사가 영유아의 행동이나 관계에 대해 묘사하며 대화를 시작하는 것뿐 아니라 영유아의 말에 반응해 주는 것 또한 매우 중요하다. 언어습득이 빠른 아이들은 부모가 자녀가 하는 말에 즉각적으로 반응하고 격려하며, 자녀의 말에 언어적인 반응을 자주 하였다(Wells, 1981). 아이들은 부모와 교사의 긍정적인 반응을 통해 언어의 힘과 중요성을 깨닫게 된다. 특히 자신의 말에 반응하는 성인을 보며, 한 사람이 이야기를 할 때 다른 사람은 들으며 교대로 말을 주고받는 대화의 규칙을 알게 된다.

교사는 비언어적인 반응, 질문하기, 대화 확장하기, 개인적 경험 나누기, 도움 주기, 정서 표현하기, 공감하기 등을 통해 영유아의 말에 반응할 수 있다. 교사가 건성으로 하는 '그래.' '좋아.' 등의 짧고 상투적인 칭찬은 영유아의 말을 계속하도록 격려하지 못하며, 언어사용에서의 실수나 오류를 지적하고 고쳐 주는 반응은 오히려 영유아의 언어발달을 지연시킬 수 있으므로 주의하여야 한다. 영유아기는 자기중심적인 특성이 말과 이야기에도 두드러지게 나타난다. 이때 교사가 처음부터 다시 말하게 하거나, 분명하게 말하도록 하는 것은 역효과를 초래할 수 있다. 교사는 '음~, 음~' 하면서 느긋하게 그러나 열심히 듣는 모습을 보여 주어야 한다.

● 영유아의 말에 대한 교사의 긍정적인 반응행동

긍정적인 교사의 반응 행동	예시
비언어적인 표현으로 반응하기	영유아가 질문 할 때, 교사는 무릎을 낮추고 눈을 쳐다보며 영유아가 하는 말에 관심을 보인다. 고개를 끄덕이며 이야기를 듣는다.
질문하기	"언니가 그렇게 화를 냈을 때, 아름이는 뭐라고 말했어?"
대화 확장하기	등원길에 본 비둘기 이야기를 한 유아에게 "선생님은 나무 위에 있는 작은 새를 봤는데. 그 새가 어떻게 생겼더라?"
관련 있는 개인적 경험 나누기	실외놀이터 바깥을 배회하는 고양이를 보며, 엄마를 잃어버려서 무섭겠다고 이야기하는 유아에게 "나한테도 그런 일이 있었어. 우리 개를 이틀동안 잃어버렸거든. 나도 정말 걱정되었어."
도움주기	친구가 역할놀이에 끼워주지 않는다고 말하는 유아에게 "그럼 이번엔 식당에서 손님을 해보자. 우리 같이 가서 주문해 볼까?"
정서 표현하기	아동의 농담을 들은 후, "우와, 정말 재미있다. 할머니가 케이크 반죽에 빠진 부분이 제일 재미있었어."
공감하기	슬픈 이야기를 하는 유아에게 "은지가 정말 슬프겠구나. 엄마도 그러실 테고."

출처: Trawick-Smith (1993).

3) 수준에 맞추어 말하기

영유아는 부모나 교사의 말을 통해 언어규칙을 배운다. 즉, 아이의 언어수준을 약간 넘어서는 수준의 어휘와 문법구조를 가진 문장들을 교실에서 접할 때 언어발달이 촉진될 수 있다. 영아에게는 보다 단순한 형태의 언어를 사용하고, 아이들의 어휘와 문법규칙을 익혀 감에 따라 복잡성을 증가시켜 나가야 한다. 때로 아기 같은 말투와 표현을 의도적으로 사용하는 교사들이 있는데, 이는 언어교육 측면에서는 가치가 없다는 비판을 받아 왔다(Feeney, Christensen, & Moravcik, 1991). 교사는 아이들과 상호작용할 때 단순하나 성인의 형식으로 말해야 한다. 영유아의 수준에 맞추어 말하기는 아이들의 반응을 관찰하고 이를 반영하여 다음 말을 조절하며 연습할 수 있다. 아이들은 자신의 언어 수준보다 약간 높은 정도의 이야기에 관심을 가장 많이 보이며, 지나치게 복잡하거나 단순한 것을 무시하는 경향이 있다(Snow, 1972). 아이들이 교사의 말에 관심을 기울이지 않는다면, 다소 복잡하거나 혹은 좀 더 단순한 말을 사용하고 아이들의 반응을 살필 필요가 있다. 또한 아이들은 평범한 어조보다 명랑한 어조에 보다 주의한다. 교사는 이야기를 할 때 좀 더 생생하고 과장된 어조를 사용할 필요가 있다.

● 영유아의 언어적 관심을 촉진하는 교사의 말하기

교사가 언어 영역에서 아이들과 함께 책에 대한 이야기를 나누며, 억양과 말의 속도를 다양하게 한다. 교사는 천천히, 긴장된 모습으로 질문을 한다. "다음엔 혹부리 영감에게…… 어떤 일이 일어날까?" 아이들이 예측을 한 후에 교사는 목소리를 높여, 더 빠르게 열정적으로 반응한다. "그래, 그래! 그럼 도깨비가 어떻게 할 것 같니?"

다음의 음운론적 특징을 살펴 교사의 말하기를 연습하세요.
☐ 과장된 억양   ☐ 깨끗한 발음   ☐ 단어나 음절을 늘려서 길게 말하기
☐ 단어 사이에 더 길게 쉬기   ☐ 정상적인 음성보다 높게   ☐ 느리게 말하기
☐ 과장되고 극적인 강조법

교사는 짧은 문장과 간결하고 명확한 말로 수조작 영역에서 게임의 규칙을 설명한다. "어떻게 놀이를 하는지 보자, 먼저, 이 숫자판을 돌리는 거야, 그리고 나서 숫자판에 나온 수만큼 게임판 말을 움직이는 거야, 자, 봐봐, (시범을 보이며) 선생님이 이렇게 숫자판을 돌렸어, 3이 나왔네, 그럼, 선생님 말, 빨간 말이지? 빨간 말을 이렇게 한 칸, 두 칸, 세 칸 움직이면 돼."

다음의 통사론적 특징을 찾으며 교사의 말하기를 연습하세요.
☐ 짧은 문장 ☐ 덜 복잡한 문장 ☐영유아의 수준에 맞는 문장

교사는 퍼즐을 완성하기 어려워하는 유아와 이야기하고 있다. 퍼즐조각의 모양을 헷갈려하며 좌절하는 유아에게 '슬픈'이라는 단어를 사용하여 말한다. "연지야, 엄청 슬프구나."(말없이 고개를 끄덕이는 연지에게) "선생님도 열심히 하는데 잘 안되면 슬픈데…… 이렇게 잘 안되면 누구나 슬프지."

다음의 의미론적 특징을 찾으며 교사의 말하기를 연습하세요.
□ 덜 복잡한 단어 □ 사물, 행위, 감정에 대한 더 일반적인 표현

출처: Trawick-Smith (1993).

4) 확장하기

영유아의 말은 전달하고자 하는 바가 명확하게 표현되지 않는 경우가 많다. 이때 교사는 불완전한 표현을 좀 더 정확하고 완전한 형태도 다시 말해 줄 수 있다. 확장하기를 통해 교사는 직접 언어형태를 가르치기보다 의미 있는 대화 속에서 영유아가 말한 내용을 보다 풍부하고 묘사적인 언어로 반응해주게 된다. 아이들이 크레파스로 끼적이기를 하다가 "빨강, 빨강!"이라고 말하는 영아에게 "정은이가 빨강색 크레파스로 그리고 싶구나."라고 표현을 확장해 주는 것은 언어발달을 향상시킬 수 있는 주요한 상호작용 기법이다.

5) 질문하기

질문하기는 영유아의 인지발달을 촉진하는 대표적인 교사의 상호작용 방법이다. 질문하기는 아이들의 생각을 자극하고, 이해를 도우며, 호기심을 장려한다. 질문하기는 언어발달 역시 촉진한다. 우선, 질문의 문법적 형태인 의문문은 평서문이나 명령문보다 복합적인 언어규칙이 적용된다. "하윤이가 블록을 무너뜨렸

어."보다 "왜 하윤이가 블록을 무너뜨렸을까?"는 좀 더 정교하고 도전적인 문법 적용 및 의미 파악이 요구된다. 질문이 언어를 촉진하는 또 다른 이유는 아이들의 이야기를 끌어낸다는 점이다. 질문에 대답하며 아이들은 의사소통을 연습하고 경험할 수 있다. 질문하기를 통해 언어발달을 촉진하기 위해서는 교사는 폐쇄적인 질문을 피하고, 대화의 의미·문맥을 살리며 개방적이고 인지적으로 도전이 되는 질문을 할 수 있어야 한다.

● 언어발달을 촉진하는 교사의 질문

낮은 수준의 질문	높은 수준의 질문
이야기가 재미있었니?	이야기에서 어떤 부분이 제일 좋았니?
이야기에서 아이는 어떻게 느꼈을까?	아이는 왜 그렇게 느꼈을까?
아이는 그 문제를 어떻게 했을까?	만약 예지가 그 아이였다면, 어떻게 했을 것 같니?

"현이는 이 책의 등장인물에서 누가 되고 싶어?"
"나는 호랑이가 되고 싶어요. 그런데 팥죽 할머니와 사이좋게
지내는 착한 호랑이가 될 거예요."

제10장
영유아 의사소통 경험을 지원하는
놀이 연계 활동

📖 교사 직무 연습장

영유아가 주도적으로 참여하는 놀이를 강조하는 개정 교육과정에서 교사가 계획하여 실행하는 활동은 다소 위축되는 경향이 있다. 이는 활동을 교사가 준비한 방법에 따라 영유아가 수동적으로 참여하는, 즉 교사의 질문에 영유아가 답하는 방식의 전통적 활동 계획안의 틀에서 이해하기 때문이다. 교사가 영유아의 흥미와 욕구를 고려하며 이들의 놀이를 지원하기 위해 계획한 활동을 영유아의 놀이 맥락 안에서 실행한다면, 활동은 새로운 놀이의 출발점이 되기도 하고, 영유아의 놀이를 확장할 수도 있다(교육부, 2019). 이 장에서는 영유아의 의사소통 경험을 지원하는 활동에 대해 살펴보고자 한다.

1. 활동의 운영

표준보육과정·누리과정에서는 일과 운영의 편성단위를 놀이, 일상생활, 활동으로 구분하고 있다. 이때 놀이는 실내외에서 이루어지는 영유아 자유롭고 주도적인 놀이를 의미하며, 일상생활은 급식 및 간식, 낮잠 및 휴식 등 기본생활습관과 관련된 경험을 말한다. 활동은 교육목표를 달성하기 위해 의도를 가지고 이루어지는 집단적인 활동을 의미한다. 기존에는 활동이 '주제'를 중심으로 주제의 개념을 학습하는 대·소집단 활동으로 활용되었다면, 개정 교육과정에서는 영유아의 놀이가 진행되는 과정에서 놀이를 지원하기 위해 활동을 진행하게 된다. 활동은 영유아의 놀이에 따라 교사가 자연스럽게 제안하여 운영할 수도 있고, 유아가 다른 유아들과 놀이를 공유하기 위하여 준비할 수도 있다.

활동에 참여하는 영유아는 학급 전체가 될 수도 있고 관심 있는 소집단의 영유아가 될 수도 있다. 영아의 경우, 개별적인 요구가 다양하고 이를 민감하게 수용하지 않으면 놀이에 대한 흥미가 떨어지기 때문에 집단 활동보다는 개별 활동이 더 적절하다. 그러나 일과를 운영하며 영아들의 주의집중이 필요한 전이시간에는 간단한 말놀이나 손유희 같은 집단 활동을 실행할 수 있다. 또는 계획하지 않았지만 3~4명의 영아가 동시에 그림책 보기에 참여함으로써 자연스럽게 소집단 활동을 운영할 수도 있다. 유아의 경우, 놀이를 관찰하고 놀이가 활발하게 이루어질 수 있도록 지원하는 과정에서 필요한 경우 이야기 나누기, 동화·동시·동극 등 적절한 유형의 활동을 연결시켜 운영한다. 활동 운영 시 교사가 다수의 유아와 상호작용하면서 유아 스스로 생각할 수 있도록 하고, 또래들과의 활발한 상호작용을 통해 즐겁게 참여할 수 있는 교수방법을 사용하여야 한다.

1) 활동 운영 단계

● 활동 운영 단계

● 놀이관찰

유아가 놀이에서 무엇을 어떻게 경험하고 배우는지 이해하기

● 활동계획

• 활동내용: 관찰된 놀이 지원에 필요한 내용, 놀이 중의 문제를 해결하기 위한 내용
• 활동시간: 놀이 중 잠깐 모여서 실시, 교사가 계획한 시간
• 계획주체: 교사 또는 유아가 계획
• 집단크기: 학급 전체 또는 관심 있는 소집단

● 운영방식

• 유아들이 즐겁게 참여할 수 있는 교수방법 사용: 유아의 흥미와 놀이진행 상황에 따라 내용과 방법을 변경, 계획한 활동을 운영하지 않을 수 있음
• 1회성 활동이 아닌 놀이를 지원하는 연속적 활동 운영: 활동을 실시하고 다시 놀이로 연결하여 놀이를 지속 및 확장, 놀이가 확장되는 과정에서 유아의 새로운 흥미, 도전 과제 발생 시 관심 있는 유아를 대상으로 후속 활동 실행

● 활동진행
• 준비
  - 참여 대상 유아의 2/3정도가 모여 앉거나 준비가 되면, 전체 유아를 볼 수 있는 위치에 자리
  - 아직 준비하지 못한 유아들을 기다리면서 간단한 전이활동(노래 부르기, 손유희 등)을 진행
• 도입
  - 유아가 활동과 관련하여 생각하거나 자신의 경험과 관련지을 수 있는 질문이나 놀이방법을 제시
  - 유아의 흥미와 동기를 높일 수 있는 질문을 다양하게 준비하고 그림이나 영상자료와 같은 매체를 활용
  - 유아의 반응을 살피며 도입 활동을 융통적으로 운영
• 전개
  - 계획한 활동방법에 따라 진행하되, 유아의 반응을 관찰하면서 교사가 일방적으로 전달하거나 주입하지 않도록 주의
  - 유아들 간의 상호작용이 이루어질 수 있도록 개별 유아의 반응과 의견을 공유
  - 유아의 흥미와 참여정도에 따라 활동을 융통적으로 운영
• 마무리
  - 집단활동이 끝나면 놀이와 연계될 수 있는 유아의 아이디어를 공유

● 활동 운영 실제
● 놀이관찰
• 나무 기찻길과 기차 소품, 유니트 블록 이용한 기찻길 만들기 놀이가 1주 이상 매일 열림
• 반복적으로 놀이를 진행하며 자신의 여행경험과 연결하여 놀이를 변형

● 활동 1차: '우리나라 기차역은 어디에 있을까?'

• 기찻길 놀이지원을 위해 교사가 '소집단' 활동 계획

• 우리나라 기차역이 있는 지역과 위치에 대한 지식 전달을 내용으로 '우리나라 기차역은 어디에 있을까?' 이야기 나누기 활동 실행

● 자유놀이와 연결/소집단 놀이

• 놀이

간판쓰기와 기차역 만들기, 기차역이 있는 기찻길 만들기, 기차역에 정차하기

● 자유놀이와 연결/개별 놀이

• 새로 시작된 호기심: 기차의 종류, 기차별 특성

• 새로 시작된 놀이

- 『기차박물관』 책을 보며 기차 이름 알기, 기차 간 특징 비교하기

- 기차 종이 모형 만들기, 기찻길 놀이에 사용하기

- 활동 2차: '기차 종류별 특성과 기차 간 비교한 정보' 소개하기
- 유아가 다른 유아들에게 자신이 알아낸 '기차 종류별 특성과 기차 간 비교한 정보'를 공유하기 위하여 '학급 전체' 활동 실행

2) 활동에서 교사의 역할

- 교사는 **놀이 지원자**로서 유아가 주도하는 놀이 맥락 속에서 유아의 배움이 풍부하고 즐겁게 일어날 수 있도록 활동을 운영한다.
- 교사는 **탐구 촉진자**로서 프로젝트 매니저, 교재교구 공급자, 격려 및 응원자, 중재자 등 다양한 역할을 수행한다.

- 영유아의 **흥미 관찰**, 주제에 대한 동기부여, 1차 활동의 계획 및 실행, 평가, 활동과 놀이와의 연결, 심화된 2차 활동 등을 **융통성 있게 운영할 수** 있다.
- **실패**를 포함해 많은 결과물을 만들거나 **활동을 반복하며** 영유아의 **흥미와 발달에 따라** 교사의 교육 목표와 범위, 순서가 달라질 수 있다.
- **참여하지 않을 자유를 부분적으로 허용**하며 수용적이고 자유로운 분위기 속에서 영유아가 자신의 생각과 의견을 표현하도록 격려한다.
- 활동에서도 다양한 **교재, 교구, 공간, 시간 지원으로** 영유아가 생각하고 만들어 나갈 수 있는 **환경 준비**가 중요함을 간과하지 않는다.
- 영유아의 **사전경험과 발달**, 흥미, 에피소드 등 놀이와 활동 **결과물을 활용한 전시, 책 만들기, 공연 등을 고려**한다.
- 영유아의 숙련 정도는 높아지는데 도전 수준을 높이지 않으면 지루함과 이완이, 숙련 정도는 높이지 않고 도전 수준만 높이면 걱정과 불안이 나타날 수 있다. 따라서 **숙련도와 도전을 함께 높여 영유아들이 활동에 몰입할 수 있도록 계획**한다.

📖 교사 직무 연습장

:: 활동 시 발생하는 갈등 상황에서 교사의 중재 역할을 연습해 보세요.

상황 발생	교사 중재 역할
활동을 기다리거나 마칠 때?	• 시간과 동선을 고려해 손유희, 노래, 게임하기
갈등이나 문제가 발생할 때?	• 우리반 규칙 정하기
정한 규칙을 지키지 않을 때?	• 규칙 수정하기 • 한 번 읽고 오기 등 규칙을 상기시키기
발표자를 선정할 때? ➜ 모든 유아가 손을 든 상황 ➜ 동극 또는 사회극놀이, 행사 시, 특정 역할을 원하는 유아가 많은 상황	• •
편을 나눌 때? ➜ 같은 편을 하고 싶거나 또는 같은 편을 하기 싫은 또래가 있는 상황 ➜ 울거나 다툼이 일어난 상황	• •
활동 발표를 할 때? ➜ 적극적으로 발표를 많이하려는 유아 ➜ 또래의 말을 경청하는 소극적인 유아 ➜ 부끄러움이 많은 유아	• • •
조절력이 낮은 유아? ➜ 계속 움직이거나 눕는 등 10~20분 정도 집중하는 것을 힘들어하는 유아	• •
주제와 다른 발표를 할 때? ➜ 주제와 다른 이야기를 반복하며 흐름을 끊는 유아 ➜ 해당 주제에 관심이 없는 유아	• •
듣고 말하지 않을 때? ➜ 친구 이야기를 듣고 따라 말하는 유아 ➜ 듣지 않고 일방적으로 말하는 유아	• •

2. 활동의 유형

1) 이야기 나누기

● 이야기 나누기 활동의 개념

교사와 유아들이 함께 모여 특정한 주제에 대해 이야기를 나누거나 탐구하는 시간으로 문제해결을 위한 토의, 주제에 대한 의견교류, 일과 계획 및 평가 등 여러 가지 내용으로 진행할 수 있다.

● 이야기 나누기 활동의 목표

• 지식과 기술을 습득하고 태도를 형성하는 과정을 경험한다.
• 호기심과 탐구심을 가지고 상상력, 창의력, 비판적 사고력, 문제 해결력을 기른다.
• 사람을 존중하고 배려하며 소통하는 태도를 기른다.

● 이야기 나누기를 위한 유아와 교사의 태도

• 이야기를 공유하는 과정을 즐기는 태도
• 생각하고 생각을 실행하고 평가하는 과정을 즐기는 태도
• 다른 사람의 이야기를 귀 기울여 듣고 이에 맞는 이야기를 하는 태도

● 이야기 나누기 평가의 초점

• 무엇을 가르쳤는가보다 무엇을 배우고 어떻게 경험했는가에 초점 맞추기
• 문제를 해결하기 위해 유아가 무슨 생각을 했느냐에 초점 맞추기

● 이야기 나누기 활동과 놀이 연결

활동 1	자유놀이		활동 2
	소집단	개별	
• 놀이주제와 관련된 지식, 기술 전달 • 자신의 경험, 느낌, 생각, 결과물을 또래 앞에서 발표 또는 공유 • 놀이 중 문제해결을 위한 토의, 합의 • 다른 사람의 이야기를 집단에서 경청	활동과 연결된 개별 또래집단의 호기심, 심화된 지식을 놀이와 연결하여 충족	활동과 연결된 개별 유아의 호기심, 심화된 지식을 놀이와 연결하여 충족	• 1차 놀이주제 활동의 심화 • 1차 활동에서 발전된 방법 또는 내용으로 자신의 경험, 느낌, 생각, 결과물을 공유 • 새로 시작된 도전과 호기심 충족 • 확장 활동을 위해 학교 밖 경험(가정 연계, 지역사회 연계)을 연계할 수 있음

● 이야기 나누기 활동 진행

● 이야기 나누기를 위한 분위기 조성

• 이야기 나누기 전 화장실 가기, 물 마시기 등 생리적 욕구를 해결하고 모이도록 안내

• 모일 때의 주의사항

  - 교사가 제안한 대형 안에서 유아들이 자유롭게 자리를 선택할 수 있도록 하기

  - 주의가 산만한 유아들은 모이기 전에 자리배정을 고려하여 사전에 갈등 상황 예방

● 도입

• 주의집중은 주제에 대한 흥미를 가질 수 있는 활동으로 선택

  - 주제에 대한 간단한 수수께끼, 노래, 부분 보고 전체 맞추기, 비밀 주머니 활동 등

● 전개

• 경험 나누기

  - 자신의 경험을 언어적으로 표현

  - 다른 사람 앞에서 자신의 경험, 생각, 느낌을 표현

  - 다른 사람의 경험을 듣고 나의 경험, 생각과 연결해 보도록 격려하기

• 지식 및 정보 전달

  - 일방적인 설명만으로 가르치지 않기

  - 직접 실험, 관찰한 내용으로 토론하기

• 약속정하기, 토론하기, 평가하기

  -서로의 의견 나누기

• 새소식 나누기

  - 모두가 알아야 할 내용을 전달하고 이야기 나누기

  - 효과적인 방법으로 분명하게 전달하기

● 마무리

• 유아의 흥미를 반영하여 다음 활동으로 연결

  - 다음 활동 및 놀이와 어떻게 연관되는지 안내하기

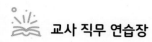

교사 직무 연습장

계절, 나와 친구, 가족, 우리나라와 세계, 동물과 곤충, 교통기관 등 흥미 있는 주제를 선택하여 이야기 나누기 모의 활동을 작성해 보세요.

구분		예시	모의 활동
활동명 왜 이 활동을 하는가?		• 수수께끼 책 만들기 •『진짜 진짜 재밌는 바다 그림책』을 보며 이야기 나누기가 일주일 이상 관찰되어 교사가 유아들의 책읽기 놀이를 지원하기 위해 활동을 계획함	
목표(평가) 표준보육과정 내용 기술, 지식, 태도		• 자신의 경험, 느낌, 생각을 말한다. • 궁금한 것을 탐구하는 과정에 즐겁게 참여한다.	
자료		• 책 만들기용으로 제본된 빈용지책 • 필기구와 물감 • 물고기 사진들	
활동 1차		• 수수께끼 책 만들기 • 형님반에 가서 문제 내기 • 형님들이 너무 쉽게 맞춤	
자유놀이 연결		• 개별, 2~3명 소집단 • 어려운 문제로 수수께끼 책 만들기 •『진짜 진짜 재밌는 바다 그림책』을 보며 이야기 나누기 • 수수께끼 문제 내는 연습하기	
연계	사전경험		
	가정 연계	• 엄마아빠와 수수께끼 놀이	
	지역 연계		
활동 2차 결과물 전시/발표/행사		• 두 번째 형님반에 가서 문제 내기 – 형님들이 어려워함 • 수수께끼 책 전시회	

2) 동화 · 동시 · 동극 활동

● 동화 · 동시 · 동극 활동의 개념

문학 작품에 대한 감상과 이해, 연관된 창작 활동과 표현 활동을 통해 언어발달 및 문학에 대한 관심과 긍정적 태도 발달을 도모하는 활동이다.

● 동화 · 동시 · 동극 활동의 목표

- 호기심과 탐구심을 가지고 상상력, 창의력, 비판적 사고력, 문제해결력을 기른다.
- 간접 경험을 통해 부정적 감정 해소, 도덕적 기준과 태도를 기른다.
- 문화적 감수성을 기른다.

● 동화 전달 매체

종류	동화 특성
그림(구연) 동화	내용이 길지 않은 동화(연령에 맞는 길이로 각색)
막대 동화	등장인물이 순차적으로 등장하는 동화
손인형 동화	등장인물이 적은(2명 이하) 동화/도입 시 사용
손가락 인형 동화	등장인물이 적고(5명 이하) 스토리가 단순한 동화
OHP 동화	한 장면에 등장인물이 많거나 배경이 중요한 동화
융판 동화	움직임이 많은 동화
테이블 동화	그림자극, 디오라마 등 유아의 참여가 용이한 동화
PPT 동화	효과음, 움직임 등 디지털 기능의 사용이 효과적인 동화

- 집단의 크기, 장소, 주제를 고려하여 매체의 종류, 위치, 크기를 정한다.

● 동화 내용에 대한 이야기 나누기 방법(Many & Wiseman, 1992)

● 경험적 접근법

• 그림책의 문학적·예술적 가치를 중심으로 심미적 반응을 격려한다.

• 동화에 대한 유아의 생각, 느낌, 동화에서 창안된 상상의 세계에 대한 대화를 격려한다.

• 주인공, 등장인물과 동일시 또는 공감, 연상된 이야기, 이미지에 관심을 갖는다.

• 만약 이 그림책에 나오는 등장인물이 될 수 있다면, 누가 되고 싶어요?

• 만약 ○○가 △△(등장인물)라면 어떻게 했을까요?

● 분석적 접근법

• 동화의 구성요소를 확인, 분석하는 데 관심을 두는 접근법이다.

• 동화 속에서 일어난 문제, 등장인물이 어떻게 문제를 해결했는지 생각한다.

• 이야기 주제에 대한 정보를 묻는 것으로 유아에게 정보 추출식 반응을 격려한다.

• 이 책에 누가 나왔어요?

• 책 속에서 제일 중요한 사람(동물)은 누구니?

• 다음엔 어떤 일이 일어났어요?

● 동극 활동 방법 및 과정

● 동극 활동 시 동화 선정

• 간단하면서도 전개 과정이 뚜렷한 줄거리 또는 짧고 반복되는 동화를 선정한다.

• 단순하면서도 만족스러운 클라이맥스가 있는 작품을 선정한다.

• 유아가 동일시할 수 있는 등장인물이 있고, 등장인물이 많아 상황에 따라

등장인물을 늘이거나 줄일 수 있는 작품을 선정한다.

• 동적이고 재미있는 행동들이 다양한 작품을 선정한다.

● 동극용 대본 만들기

• 간접화법을 직접화법으로, 대화를 추가 또는 삭제한다.

• 설명 부분을 삭제하거나 해설로 변경한다.

• 연령별 언어발달을 고려하여 어렵거나 추상적인 단어, 공격적인 단어를 변경한다.

● 동극 활동 운영 시 유의점

• 약 4주 정도 운영, 개별/소집단 활동 반복, 익숙해진 상태에서 대집단 활동을 진행한다.

• 동극 공연 준비 및 기다리는 시간은 약 10분 이내로 짧게 운영한다.

• 주의를 집중할 수 있는 1~2회 공연이 적당하다.

● 동화 · 동시 · 동극 활동과 놀이 연결

활동 1차	자유놀이		활동 2차
	소집단	개별	
• 동화, 동시를 통해 주제 관련 동기유발, 지식전달 • 자신의 경험, 느낌, 생각, 결과물을 또래 앞에서 발표 또는 공유 • 공감, 모델링을 통한 태도 변화 • 다른 사람의 이야기를 집단에서 경청	• 활동과 연결된 개별 또래집단의 호기심, 심화된 지식을 놀이와 연결하여 충족 • 활동 반복, 토론, 즐거움 느끼기	• 활동과 연결된 개별 유아의 호기심, 심화된 지식을 놀이와 연결하여 충족 • 발달 수준에 맞는 읽기와 쓰기 • 개별적인 질문	• 1차 놀이주제 활동의 심화 • 1차 활동에서 발전된 방법 또는 내용으로 자신의 경험, 느낌, 생각, 결과물을 공유 • 새로 시작된 도전과 호기심 충족 • 확장 활동을 위해 학교 밖 경험(가정 연계, 지역사회 연계)을 연계할 수 있음 • 이야기 구성의 변화, 결말 추론으로 이야기 자작, 동극

● 활동 운영 실제

● 놀이관찰

• 『갈라진 우리나라 한국 전쟁』『위인전 시리즈』에 관심이 생기면서 역사 주제
의 그림책 읽기와 그리기가 2주간 계속 열림

● 활동 1차: 한국 전쟁 영상 보며 이야기 나누기

• 『갈라진 우리나라 한국전쟁』 놀이지원을 위해 교사가 대집단 활동 계획

• 책에서 얻은 역사적 지식을 실제 상황을 담은 영상으로 보는 활동 실행

● 자유놀이와 연결: 개별 놀이

• 놀이: 한국 전쟁 책 만들기를 위한 읽기와 쓰기

 - 역사인물에 대한 질문과 대답을 통한 탐색, 인물 소개 쓰기

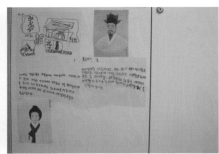

● 자유놀이와 연결: 소집단 놀이

• 『갈라진 우리나라 한국 전쟁』『위인전 시리즈』반복 읽기 놀이 계속하기
• 새로 시작된 호기심: 역사 속 다른 전쟁인 임진왜란, 거북선, 이순신과 같은
  역사적 인물
• 새로 시작된 놀이: 『임진왜란』책을 보며 이야기 나누기, 수수께끼 만들기,
  거북선 그리기, 거북선 만들기

● 활동 2차: 박물관 구성하기와 관람, 위인 퀴즈 맞추기

유아가 다른 유아들에게 자신들이 만든 '한국전쟁' 책과 '거북선' '위인 퀴즈' 놀이 결과물을 공유하기 위해 '학급 전체' 활동 실행

교사 직무 연습장

『치과 의사 드소트 선생님』(윌리엄 스타이크 글 · 그림), 『무지개 물고기』(마르쿠스 피스터 글 · 그림), 『이솝 우화』 등 좋아하는 그림책 한 권을 선정하여 그림책 모의 활동을 연습한다.

구분	내용
경험적 접근 발문	
분석적 접근 발문	

교사 직무 연습장

동시 〈바사삭 바사삭〉을 선정하여 동시 모의 활동을 연습한다.

사례	구분	내용
바사삭 바사삭 최혜영 바사삭 바사삭 "누가 오나 보지요?" "아뇨, 낙엽 사이로 가을바람이 지나갔어요." 바사삭 바사삭 "누가 오나 보지요?" "아뇨, 낙엽 사이로 다람쥐가 지나갔어요."	준비	
	도입	
	전개 동시감상 동시짓기	
	마무리	

교사 직무 연습장

『팥죽 할머니와 호랑이』『커다란 무』 등 동극에 적합한 동화를 선정하고, 등장 인물, 해설 등 작품의 전체를 각색하여 대본을 작성하는 동극 모의 활동을 연습 한다.

구분	내용
준비	
환경 구성	
배역 정하기	
동극하기	
평가하기	
재공연	
정리하기	

Part 3

영유아 언어지도의 실제

"이 그림의 제목은 〈졸린 사람〉이라고 지었어!"
듣기와 말하기 경험을 통해 창의성을 기른다.

제11장
듣기와 말하기 지도

1. 이길 수 있는 게임 방법에 대한 설명을 들어 보아요
2. 산책하며 교통수단 소리를 들어요_영아
3. '달님 수영장' 놀이를 하며 경험을 말해요
4. 동생과 어른에게 하는 말은 달라요
5. 몸짓과 울음으로도 말할 수 있어요_영아
6. '개미' 이야기를 듣고 관련해서 말해요
7. 선생님의 이야기를 듣고 따라 말해요_영아
8. 친구와 갈등이 생길 때, 고운 말로 내 생각을 말해요
9. '내가 제일 좋아하는 봄꽃'을 선택하고 생각과 느낌을 말해요

놀이지원 실습

듣고 말하기 경험을 통해 영유아는 스스로 감정과 행동을 조절하고
타인에게 공감하며 또래와의 협력을 배울 수 있다.
또한 다양한 주제의 대화를 통해 탐구심과 창의성을 기를 수 있다.

카메라로 봐주세요.
영상을 확인하실 수
있습니다.

카메라로 봐주세요.
영상을 확인하실 수
있습니다.

1. 이길 수 있는 게임 방법에 대한 설명을 들어 보아요

놀이흐름 따라가기

구분	누가	언제	어디서
활동	4~5세	오전 자유놀이시간	수조작 공간

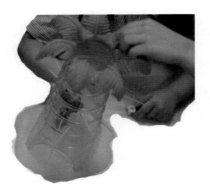

"같이 해도 돼?"
"좋아! 같이하면 더 재미있어!"
"어떻게 하는 거야?"
"주사위를 던져서 나온 색깔과
같은 색깔의 막대를 뽑아!"

"막대를 뺄 때 원숭이를
많이 떨어트리는 사람이 지는 거야!"
"여기 아래에 있는 초록색 막대를 뽑아~"
"민이가 설명을 정말 잘 하는데!
선생님도 게임 방법을 이해했어!
고마워요~"

영역 내용 연계

3~5세
누리과정

 듣기와 말하기 > 말이나 이야기를 관심 있게 듣는다.

 더불어 생활하기 > 약속과 규칙의 필요성을 알고 지킨다.

놀이지원 실제

놀이자료 공간/일과 지역 연계	• **놀이자료 지원** 보드게임에 흥미가 발현되는 것을 보고 '또래에게 게임 방법 듣기' 활동을 할 수 있는 교구 '덤블링하는 원숭이'를 제공하였다. • **공간/일과 지원** 5~6명이 게임을 함께 할 수 있도록 책상을 붙이고(공간을 넓히고) 시작한 게임을 마칠 수 있도록 20분 정도 자유놀이시간을 연장하였다.
상호작용	• **정보제공, 긍정적 반응하기** "○○이의 설명을 잘 들어 보자."와 같이 게임 방법을 모르는 유아들이 또래의 설명을 주의 깊게 듣고 이해할 수 있도록 지원하면서, 게임 방법을 알려 준 유아에게는 "고마워, ○○이가 설명을 잘해서 선생님도 게임방법을 쉽게 이해했어요!"와 같은 긍정적 반응으로 말하기를 격려하였다.
발달고려	• 교사는 영유아들이 정보를 제공하거나 정보를 요구하는 **의사소통 의도** **(communicative intent)**가 있다는 것을 알고 • 이를 민감하게 알아차린 후 다양한 방법으로 지원하였다.

2. 산책하며 교통수단 소리를 들어요_영아

놀이흐름 따라가기

구분	누가	언제	어디서
활동	0~1세	오전 자유놀이시간	실외 공간

"경찰차 소리예요~!"
(의성어를 리듬감 있게 사용)
"경찰차 사이렌이 삐뽀 삐뽀
소리를 내면서 달리네!"

영역 내용 연계

0~1세
보육과정   의사소통 듣기와 말하기 > 표정, 몸짓, 말과 <u>주변의 소리</u>에 관심을 갖고 듣는다.

3. '달님 수영장' 놀이를 하며 경험을 말해요

놀이흐름 따라가기

구분	누가	언제	어디서
놀이	3~5세	자유놀이시간	쌓기/역할 공간

"달님 수영장 입장권은 어떻게 만들어요?"

"눈썰매장 놀이 입장권과 비슷하게 만들자!"

"여기서 손 소독을 하고 입장표를 사세요."

"여자 탈의실은 어디 있나요?"

"바구니에 옷을 넣고 들어가면 됩니다."

영역 내용 연계

3~5세 누리과정

 의사소통   **의사소통 > 듣기와 말하기 > 자신의 경험, 느낌, 생각을 말한다.**

사회관계   사회관계 > 사회에 관심 가지기 > 내가 살고 있는 곳에 대해 궁금한 것을 알아본다.

놀이지원 실제

놀이자료 공간/일과 지역 연계	• **놀이자료 지원** 워터파크나 썰매장을 이용한 경험이 있는 유아들의 의견에 따라 교사는 물결 평균대, 수납장, 바구니, 계산기, 입장용 팔찌나 자유이용권을 만들 수 있는 재료들을 지원하였다. • **공간/일과 지원** 교사는 유아가 수영장을 키우고, 탈의실과 매표소, 놀이기구를 설치할 수 있도록 놀이 공간을 확장하였다.
상호작용	• **도움 주기** 유아들의 수영장 관련 경험에서 발현된 놀이이므로 교사는 모든 과정에서 유아가 주도적인 역할을 할 수 있도록 지원하였다. • **관련 있는 개인적 경험 나누기** 유아들의 경험을 경청하다가 내용을 정리하거나 추가 질문을 하면서 관련 경험을 충분히 듣고 말할 수 있도록 지원하였다.
발달고려	• 교사는 말하는 유아와 듣는 유아의 **공유 지식(shared knowledge)**이 대화를 지속시키는 중요한 요인이라는 것을 알고 • 아이들과 함께 나눈 지식을 적절히 사용하여, 영유아들이 자신의 역할에 필요한 대화를 할 수 있도록 지원하였다.

놀이지원 확장 :: 넓은 공간과 장소를 구획할 수 있는 놀잇감 지원

사회극놀이가 이루어지는 공간은 영유아들에게 관련된 지식과 대화를 주고받아야 하는 상황을 만들어 준다. 교사는 실내나 실외로 공간을 제한하지 않고, 유동적으로 놀이 영역 구성을 지원할 수 있다. '달님 수영장' 놀이에서는 유아들이 수영장, 매표소, 탈의실 등 공간과 장소를 구획할 수 있는 평균대(신체 교구)를 놀잇감으로 지원하였다.

4. 동생과 어른에게 하는 말은 달라요

놀이흐름 따라가기

구분	누가	언제	어디서
활동	3~5세	전이/식사 시간	현관/식당

"누나가 도와줄게.
이 발! 옳지! 잘했어!
찍찍이 붙이고……."

"훈아,
배식대에 가서 조리사님께
'불고기 더 주세요.'
라고 말해 보세요."

"저, 불고기 더 주세요.
감사합니다~"

영역 내용 연계

3~5세
누리과정

 의사소통   의사소통 > 듣기와 말하기 > <u>상황에 적절한 단어를 사용하여 말한다.</u>

사회관계   사회관계 > 더불어 생활하기 > 친구와 어른께 예의바르게 행동한다.

놀이지원 실제

놀이자료 공간/일과 지역 연계	• **놀이자료 지원** 교사는 등원, 점심과 같은 일과 사진과 낮춤말, 높임말 카드를 함께 비치해 유아가 상황에 적절한 단어를 알 수 있도록 지원하였다. • **공간/일과 지원** 현관에서 만난 동생들의 신발 신기를 도와주는 유아를 보고 교사는 전이시간을 충분히 제공하였다. 또한 주 1~2회 정도 동생반과 형님반이 현관에서 만날 수 있도록 일과를 조정하였다.
상호작용	• **도움 주기/정교하게 말하기** 교사는 좋아하는 반찬을 모두 다 먹은 유아들에게 더 먹고 싶다는 말을 할 수 있도록, 해야 할 말을 정리해서 알려 주었다. • **대화 확장하기** 추가 배식을 받아 온 유아들과 점심 대화 주제로 높임말과 낮춤말을 선택하여 '조리사님께는 왜 높임말을 사용하는 것일까?'에 대한 이야기를 나누었다.
발달고려	• 영유아들이 새로운 주제의 대화를 먼저 시작한 후에, 주제를 보완하거나 협력하면서 대화를 지속하고 확장해 나간다는 것을 알고 • 높임말을 모델링하거나 보완하면서 영유아들의 **대화 유지**(topic maintenance)를 지원하였다.

5. 몸짓과 울음으로도 말할 수 있어요_영아

놀이흐름 따라가기

구분	누가	언제	어디서
일상	0~1세	등원/일과 중	전체 공간

영역 내용 연계

0~1세
보육과정　　　듣기와 말하기 > **표정, 몸짓, 말소리로 의사를 표현한다.**

"은우는 엄마가 보고 싶어서 슬펐지요!"

6. '개미' 이야기를 듣고 관련해서 말해요

놀이흐름 따라가기

구분	누가	언제	어디서
활동	3~5세	대집단/자유놀이 시간	쌓기/미술 공간

산책하면서 '줄지어 지나가는 개미들'을 본 유아들이 개미집에 관심을 갖기 시작하였다.

"개미들은 왜 줄을 지어 다닐까?" "개미집에는 방이 몇 개쯤 될까?"

"주름개미는 머리와 가슴에 주름이 있대!"

영역 내용 연계

3~5세 누리과정

의사소통 의사소통 > 듣기와 말하기 > 상대방이 하는 이야기를 듣고 관련해서 말한다.

자연탐구 자연탐구 > 탐구과정 즐기기 > 탐구과정에서 서로 다른 생각 에 관심을 가진다.

놀이지원 실제

놀이자료 공간/일과 지역 연계	• **놀이자료 지원** 산책에서 보았던 개미에 대해 알아보기로 한 유아들의 의견에 따라 '개미'와 관련된 영상, 책, 개미 모형, 개미 키우기 키트, 루페 등의 자료를 지원, 개미를 탐구할 수 있도록 하였다. • **공간/일과 지원** 영유아들과 함께 개미와 관련된 자료와 놀잇감을 한 곳에 모아 '개미 탐구놀이 영역'을 구성하였다.
상호작용	• **정교하게 말하기** 개미에 대해 탐구한 지식과 관찰을 통해 발견한 정보, 질문을 말로 정교하게 묘사할 수 있도록 지원하였다. • **지시하기/반복하기** 대소집단 이야기 나누기에서 유아들이 주제를 벗어나는 경우, 반복적으로 주제를 상기시켜 흥미가 지속되도록 도왔다.
발달고려	• 교사는 영유아들의 연령이 증가할수록 대화 유지 능력이 향상되면서 주제에서 벗어나는 **주제 일탈(topic-off)** 비율이 낮아진다는 것을 알고 • 연령을 고려하여 자료, 주의집중, 집단크기를 조절하면서 개미 이야기를 나누었다.

7. 선생님의 이야기를 듣고 따라 말해요_영아

놀이흐름 따라가기

구분	누가	언제	어디서
놀이/일상	0~1세	일과 중/자유놀이시간	실내 공간

영역 내용 연계

0~1세
보육과정　　**듣기와 말하기 > 상대방의 이야기를 들으면서 말소리를 낸다.**

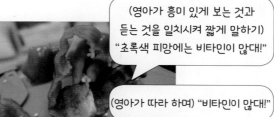

(영아가 흥미 있게 보는 것과 듣는 것을 일치시켜 짧게 말하기)
"초록색 피망에는 비타민이 많대!"

(영아가 따라 하며) "비타민이 많대!"

8. 친구와 갈등이 생길 때, 고운 말로 내 생각을 말해요

놀이흐름 따라가기

구분	누가	언제	어디서
일상	3~5세	일과 중	전체 공간

블록의 구성물 크기가
커지면서 쌓기 놀이 공간
에서의 갈등이 많아졌다.
큰 소리를 내기도 하고,
울기도 하고, 쌓기 작품이
부서지는 일들도
발생하였다.

"무슨 일이 생겼니?"
"얘기 좀 해 줄 수 있어?"

(속상한 마음으로)
"나도 여기서 놀이하고 싶어. 비켜 줘……."
(기분 좋은 마음으로)
"친구야! 우리 같이 놀이할래?"

영역 내용 연계

3~5세
누리과정

의사소통　의사소통 > 듣기와 말하기 > <u>고운 말을 사용한다.</u>

사회관계　사회관계 > 더불어 생활하기 > 친구와의 갈등을 긍정적인 방법으로 해결한다.

놀이지원 실제

놀이자료 공간/일과 지역 연계	• **놀이자료 지원** 교실에서 일어나는 갈등을 보고 교사는 감정카드를 제공하여 유아들이 서로의 의견을 고운 말로 나누도록 지원하였다. • **공간/일과 지원** 교사는 하루 일과 중 갈등 상황이나 결정해야 할 것들이 생 길 때마다 놀이를 잠시 멈추고, 생각을 나눌 수 있는 시간을 지원하였다.
상호작용	• **정서표현/공감하기** 유아들의 대화에 참여하여 또래 친구들의 이야기를 적극 적으로 듣고 서로 공감할 수 있도록 지원하였다. "서로의 생각을 이야기해 보자. ○○이는 ○○할 때 슬픈 마음이 들었대!" • **발달에 맞추어 대화하기** 유아가 감정을 말할 때, 말문이 막히거나 같은 말을 반복하는 것에 신경 쓰지 않고 충분히 기다려 주었다.
발달고려	• 교사는 영유아들이 **정서 표현(emotion expression)** 언어를 사용할 수 있다 는 것을 알고 • 현재 정서 상태를 적절한 단어로 표현하도록 지원하였다.

놀이지원 확장 :: 상호작용 지원

또래 간에 갈등이나 의견 대립이 생겼을 때 이야기를 나눌 수 있는 기회를 주어 다른 사람과
고운 말로 대화하는 방법을 익히도록 지원한다.

유아 1: (쌓기 영역) "나도 여기 주차장을 만들 거야."
유아 2: (큰 소리로) "안 돼! 여긴 우리가 주차장을 만들고 있어. 비켜!"
유아 1: (큰 소리로) "그럼 나는 어디에 지으란 말이야."
교사: "무슨 일이 생겼니? 얘기 좀 해 줄 수 있니?"
유아 2: (큰 소리로) "얘가 여기다 주차장을 지으면 너무 좁아져서 안 돼요."
유아 1: (울려고 하며) "너만 하냐고, 나도 하고 싶다고!"
교사: (유아 2에게) "여기서 ○○이가 주차장을 만들고 있는 것은 알고 있는데, □□이도 주차
장 만들 공간이 필요하대! 이럴 땐 어떻게 하면 좋을지 이야기해 보자. 그런데 모두 큰
소리로 이야기하면 서로 속상할 것 같아. 고운 말로 할 수 있겠지요!"
유아 2: (목소리를 낮추어) "여긴 너무 좁으니까, 저쪽에서 만들면 어때?"
유아 1: (울음을 멈추고) "알았어! 그럼 너도 조금만 옆으로 가 줘!"

(화가 나서 큰 소리로)
"안 돼! 여긴 우리가 주차장을 만들고 있어. 비켜!"

9. '내가 제일 좋아하는 봄꽃'을 선택하고 생각과 느낌을 말해요

놀이흐름 따라가기

구분	누가	언제	어디서
활동	3~5세	자유놀이시간	쌓기/역할 공간

"자기가 좋아하는 봄꽃을 선택하고,
왜 이 꽃을 선택했는지
친구들에게 말해 주세요."

"노란색이라서
개나리가 좋아요!"

"아! 경훈이는 노란색 꽃을
좋아하는구나!"
"개나리 가지에는
노란색 꽃이 정말
많이 달려 있네!"

영역 내용 연계

3~5세
누리과정

 의사소통

의사소통 > 듣기와 말하기 > 자신의 경험, 느낌, 생각을 말한
다.

 사회관계

사회관계 > 나를 알고 존중하기 > 나를 알고 소중히 여긴다.

놀이지원 실제

놀이자료 공간/일과 지역 연계	• **놀이자료 지원** 산책하며 봄꽃에 관심을 보이는 것을 보고 '좋아하는 봄꽃 투표'와 관련된 자료를 지원하였다. • **지역사회 지원** 꽃가게 방문, 봄꽃이 피어 있는 화단 가꾸기, 공원 산책 등을 계획해 유아들이 교실 밖에서 오감을 통해 자연을 경험할 수 있도록 지원하였다.
상호작용	• **발문하기/명료화** 꽃의 색깔과 모양, 향기, 촉감 등 생각과 느낌을 또래들에게 잘 전달할 수 있도록 유아의 말을 명료화시켜 한 번 더 말해 주었다.
발달고려	• 상대방 유아의 말을 이해하지 못하면 **명료화 요구**(clarification request)를 하고, 상대방 유아가 자신의 말을 이해하지 못하면 명료화 제공한다는 것을 알고 • 교사는 유아들이 또래와 이야기를 나누며 단어와 문장의 의미를 정확하게 파악하도록 지원하였다.

놀이지원 확장 :: 실외 공간, 봄꽃이 있는 지역사회 공간 산책

다양한 경험과 오감 사용을 통해 영유아의 어휘력과 언어능력을 기를 수 있다. 철쭉이나 진달래가 핀 화단에 물 주기, 지역사회 놀이터에서 떨어진 벚꽃 뿌리기, 개나리나 목련 사진 찍기 등 자신들이 선택한 봄꽃을 오감으로 경험하며 느낄 수 있도록 교사는 지역사회의 자연 공간을 적극적으로 찾아서 지원하였다.

놀이지원 실습

좋은 말 나쁜 말 양파 기르기

놀이흐름 따라가기

구분	누가	언제	어디서

놀이	교사/유아 상호작용
	T **C**
	T **C**
	T **C**
	T **C**

영역 내용 연계

영역	내용범주	내용

놀이지원 실제

놀이자료 공간/일과 지역 연계	
상호작용	
발달고려	

"간판을 적어야 해! 지윤아~ '박' 자는 어떻게 써?"
생각을 글로 전달하며 협력하는 방법을 배운다.

제12장
읽기와 쓰기에 관심 가지기 지도

1. 사물함과 작품, 놀이에서 내 이름을 쓰고 읽어요

2. 과자 봉지와 그림책에서 글자를 읽어요

3. 놀이에서 만든 동작 이름을 적어 친구에게 알려 주어요

4. 안내문과 규칙 판을 써서 친구들에게 알려 주어요

5. 엘리베이터, 시계, 달력 등 주변에서 숫자를 찾아 읽어요

6. 미세먼지 표지판의 색깔은 무슨 뜻(상징)일까요?_영아

7. 편지를 써서 마음을 전달해요

8. 뼈, 우주 등 탐구한 것을 글로 적어 소개해요

9. 생각과 느낌을 사진과 미디어로 표현하고 읽어요

📖 놀이지원 실습

읽기와 쓰기에 관심을 가지는 경험을 통해 영유아는 흥미 있는 주제를 탐구하고, 타인의 생각을 읽고, 자기 생각을 글로 전달해 여러 사람과 상호 협력하는 것을 배울 수 있다.

카메라로 봐주세요.
영상을 확인하실 수
있습니다.

카메라로 봐주세요.
영상을 확인하실 수
있습니다.

1. 사물함과 작품, 놀이에서 내 이름을 쓰고 읽어요

놀이흐름 따라가기

구분	누가	언제	어디서
일상	4~5세	일과 중	전체 공간

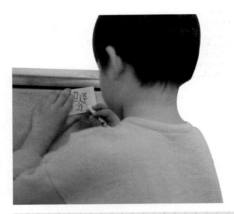

"뭐 쓰고 있어?"
"사물함 이름표를 보면서
이름을 적고 있어요."

"여기 내 이름과 같은 글자가 있어요." "그렇구나!"
"우아율의 '아'랑 김아현의 '아'가 똑같은 글자예요!"

"이 그림의 제목은
양하루 KTX예요."

서:
서로 서로 좋아하던 여우랑 토끼가
주:
주아를 만났어요.
아:
아이스크림을 먹기로 했거든요.

"내 이름 삼행시예요~"

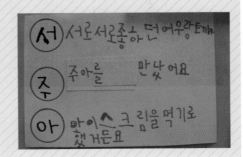

영역 내용 연계

3~5세 누리과정		
	의사소통	읽기와 쓰기에 관심 가지기 > **주변의 상징, 글자 등의 읽기에 관심을 가진다.**
	사회관계	나를 알고 존중하기 > 나를 알고 소중히 여긴다.

놀이지원 실제

놀이자료 공간/일과 지역 연계	• **놀이자료 지원** 쌓기 영역, 역할 영역, 과학 영역, 미술 영역과 같은 실내 모든 공간과 실외 공간에서 이름이나 작품 제목을 쓸 수 있는 지류와 필기구, 스탠드형 아크릴 꽂이판 등의 쓰기 교재를 제공하였다.
상호작용	• **문제해결** 교사는 유아들이 언제 자신의 이름을 읽거나 쓰지 못해 불편해 하는지, 언제 이름을 쓰고 싶어 하는지를 계속 관찰하였다. • **정보제공** 교사는 자신의 작품을 전시하고 싶을 때, 놀이에 글자가 필요할 때, 자신의 소지품을 찾지 못할 때마다 유아들과 '읽고 쓰는 것의 유용함'에 대해 이야기를 나누었다.
발달고려	• 맥기와 리치겔스의 읽기발달 단계 중 **초보적 읽기 단계**로, 유아기에 글자가 의미를 전달한다는 사실(그림이 아니라)을 이해한다는 것을 알고 • 다양한 글자에 노출될 수 있도록 언어 자극을 풍부하게 제공하였다.

놀이지원 확장 :: 모든 영역에 이름 쓰기 교재 지원

'쌓기 영역에서 블록 작품에 이름 쓰기' '역할 영역에서 가게 간판 쓰기' '과학 영역에서 관찰지 기록하기' 등 모든 놀이 공간에서 자연스럽게 쓰기가 일어날 수 있도록 곳곳에 쓰기도구를 비치하고 개별적으로 지원하였다.

2. 과자 봉지와 그림책에서 글자를 읽어요

놀이흐름 따라가기

구분	누가	언제	어디서
놀이	3~5세	자유놀이시간/일과 중	역할/언어 공간

"이건 무슨 라면이야?"
(봉지의 글자를 읽으며)
"응! 이건 안성탕면이야!"

"이 과자 이름은 제크예요!
제크는 2,000원에 팔 거예요!"

영역 내용 연계

3~5세
누리과정

의사소통
읽기와 쓰기에 관심 가지기 > 주변의 상징, 글자 등의 읽기에 관심을 가진다.

자연탐구
생활 속에서 탐구하기 > 물체의 위치와 방향, 모양을 알고 구분한다.

놀이지원 실제

놀이자료 공간/일과 지역 연계	• **놀이자료 지원** 교사는 유아가 일상생활에서 자주 보았던 과자와 아이스크림 봉지의 제품명, 상표, 제품 소개 같은 글자들을 찾아서 읽어 볼 수 있도록 출판된 『진짜 과자 종이접기 책』을 제공하였다. • **공간/일과 지원** 과자 상자가 많이 쌓이자 유아들은 상자를 마트처럼 진열하고 싶어 하였다. 교사는 유아들과 함께 바구니를 들고 다니며 제품정보를 읽고 구입할 수 있도록 공간을 확장해 '마트놀이 영역'을 구성하였다.
상호작용	• **수준에 맞추기** 교사는 유아의 읽기 수준에 따라 제품명, 상표, 제품소개를 읽어 볼 수 있도록 제안하거나 한 자씩 짚어 가며 읽기를 지원하였다. • **정보제공** 교사는 읽기를 통해 과자에 대한 자세한 정보를 얻을 수 있다는 것을 유아가 알도록 지원하였다. "새우깡에는 새우가 들었어요?"
발달고려	• 일상생활에서 문자와 상호작용하는 경험을 통해 유아들의 읽기능력이 발달한다는 것을 알고 • 교사는 모든 공간에 **생활과 연결된 인쇄물**을 제공하여 유아들이 문자에 흥미를 가질 수 있도록 지원하였다.

놀이지원 확장 :: 글자를 짚어 가며 읽을 수 있도록 상호작용

교사는 식사나 정리를 끝내고 기다리는 시간이나 자유놀이시간에 영유아가 선택한 그림책의 제목 글자를 한 자 한 자 짚어 가며 읽을 수 있도록 지원하였다.

(손가락으로 한 자씩 짚어 가며 읽기)
"이 책의 제목은 '꼭. 꼭. 숨. 어. 라.'입니다~"

"토끼 그림은 어디에 있어요?"
"이야기를 적은 글자들은 어디에 있을까?"

3. 놀이에서 만든 동작 이름을 적어 친구에게 알려 주어요

놀이흐름 따라가기

구분	누가	언제	어디서
놀이	4~5세	자유놀이시간	신체/역할 공간

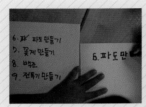

"6번 파도 만들기 7번 꽃게 만들기 9번 전투기 만들기 라고 썼구나!"

"선생님 제가 동작들의 이름을 써서 붙였어요." "동작을 잘하는 방법을 말해 주면 선생님이 더 적을게요!"

"2번 물구나무는 나도 할 수 있어요." "우리 7번 '꽃게 만들기' 같이 해 볼까?"

"나도 다리 찢기 할 수 있어요."

영역 내용 연계

3~5세 누리과정		
	의사소통	읽기와 쓰기에 관심 가지기 > 말과 글의 관계에 관심을 가진다.
	신체운동 · 건강	신체활동 즐기기 > 신체를 인식하고 움직인다.

놀이지원 실제

놀이자료 공간/일과 지역 연계	• **놀이자료 지원** 동작표현 놀이지원을 위해 카메라, 동작 이름을 적을 수 있는 종이와 필기구 등을 제공하였다. • **공간/일과 지원** 유아의 요구를 반영하여 동작할 수 있는 공간에 안전 카펫을 깔고, 촬영한 동작 사진과 동작 이름을 붙일 수 있는 전시 공간을 마련하였다.
상호작용	• **정교하게 말하기/긍정적 정서표현** "다리 찢기 동작을 할 수 있구나! 와~ 유연하다!" "한쪽 손을 뒷짐 지고 팔굽혀 펴기를 할 수 있다고?" 신체의 움직임을 자세히 묘사하고 성공하는 동작에 대해 긍정적으로 격려하였다.
발달고려	• 유아가 되면 스스로 단어를 발명해서 **창안적 글자**를 쓰거나 글자를 베껴 쓸 수 있다는 것을 알고 • 유아들의 개별적 발달 단계에 맞추어 쓰기 경험을 하도록 지원하였다.

4. 안내문과 규칙 판을 써서 친구들에게 알려 주어요

놀이흐름 따라가기

구분	누가	언제	어디서
놀이/일상	4~5세	자유놀이시간/일과 중	전체 실내 공간

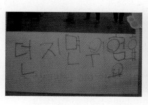 

우리 여기 붙인 규칙을 함께 읽어 보자~

영역 내용 연계

| 3~5세
누리과정 | 의사소통 | 읽기와 쓰기에 관심 가지기 > 말과 글의 관계에 관심을 가진다. |

아이스크림 가게 놀이: 맛 이름 표시

가게 놀이: 메뉴판

쓰고 싶은 동기를 부여하는
유아들의 놀이

붓펜 미술 놀이: 입춘대길

동극 놀이: 취소 안내문

카페 놀이: 오픈 안내판

돌고래 썰매장 놀이: 자유이용권

돌고래 썰매장 놀이: 간판

"종이접기 할 때, 포기하려고 했는데
유진 선생님이 포기하지 않고
도와준 게 생각나서 선택했어요."

"10살이 되면 동생을 만들어 준다고
해서 저는 이 책이 필요해요.
엄마와 함께 읽어야 해요."

아이들의 말을 써준
교사의 쓰기 모델링 놀이

"반짝 반짝 너무 예뻐."

"우주에는 별이 많지?"

"노란 콩이 자라면 무엇이 될까?" "나무!"

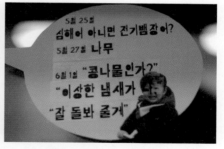

"이상한 냄새가 나!" "잘 돌봐 줄게!"

"똥 먹어서 병원 가야 해!"

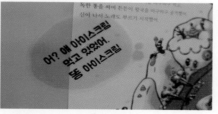

"어? 얘 아이스크림 먹고 있었어. 똥 아이스크림."

5. 엘리베이터, 시계, 달력 등 주변에서 숫자를 찾아 읽어요

놀이흐름 따라가기

구분	누가	언제	어디서
놀이	2~5세	자유놀이시간/일과 중	수조작/실내외 공간

"나도 이거 알아요!"
"산처럼 생긴 세모 모양은
위로 올라간다는 표시에요."

"민이는 몇 층에 사나요?
1층부터 올라가 보자."
"1층, 2층, 3층, 4층, 5층……
저는 11층에 살아요."

영역 내용 연계

3~5세
누리과정

 의사소통   읽기와 쓰기에 관심 가지기 > 주변의 상징, 글자 등의 읽기에
관심을 가진다.

자연탐구   생활 속에서 탐구하기 > 주변에서 반복되는 규칙을 찾는다.

놀이지원 실제

놀이자료 공간/일과 지역 연계	• **놀이자료 지원** 시계, 달력, 지폐, 번호를 누르는 전화기, 차량 번호판, 교통 표지판 등 숫자나 상징물이 있는 놀잇감을 제공하였다. • **지역 연계 지원** 가정과 지역사회 연계활동을 통해 '우리 집 자동차 번호판 읽기' '달력에서 오늘 날짜 읽기' '물건 계산하기' '엘리베이터 층수 버튼 누르기' '교통표지판 읽기'와 같은 경험을 지원하였다.
상호작용	• **지시하기** "(엘리베이터 안에서) 1층부터 읽어 보자. 1층, 2층, 3층, 4층……." • **유추하기** 표상의 의미를 찾기 위한 유아들의 논쟁과 관심을 존중하고 의미에 맞게 놀이에 사용할 수 있도록 지원하였다.
발달고려	• 유아의 언어발달은 인지발달과 밀접한 관련이 있으며, 단어와 단어의 의미를 파악을 위해서는 **표상(representation)** 능력 발달이 선행되어야 한다는 것을 알고 • 교사는 유아의 표상 능력의 발달을 돕기 위해 주변 환경에서 다양한 상징과 기호를 찾아보는 경험을 제공하였다.

6. 미세먼지 표지판의 색깔은 무슨 뜻(상징)일까요?_영아

놀이흐름 따라가기

구분	누가	언제	어디서
일상/활동	1~2세	자유놀이시간/일과 중	언어/실내외 공간

영역 내용 연계

0~1세
보육과정   의사소통 **읽기와 쓰기에 관심 가지기 > 주변의 그림과 <u>상징</u>에 관심을 가진다.**

7. 편지를 써서 마음을 전달해요

놀이흐름 따라가기

구분	누가	언제	어디서
놀이	5세	자유놀이시간	언어 공간

"기쁨이 생일이라서 축하편지를 쓰고 있어요."
"선생님~ '사랑해요' 글자는 어떻게 적어요?"
"쁨 자를 어떻게 적는지 모르겠어요."

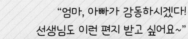

"엄마, 아빠가 감동하시겠다!
선생님도 이런 편지 받고 싶어요~"

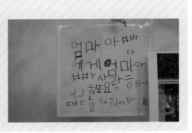

영역 내용 연계

3~5세 누리과정	의사소통	읽기와 쓰기에 관심 가지기 > 자신의 <u>생각을 글자와 비슷한 형태로 표현</u>한다.
	사회관계	사회관계 > 더불어 생활하기 > 가족의 의미를 알고 화목하게 지낸다.

놀이지원 실제

놀이자료 공간/일과 지역 연계	• **놀이자료 지원** 흥미와 발달에 따라 개별적으로 궁금한 글자를 알아볼 수 있도록 '글자가 궁금해요 노트'를 제공하였다. 또 상시 편지를 쓸 수 있는 편지지, 봉투, 필기구, 우체통 등을 비치하였다. • **공간/일과 지원** 교사는 일주일에 한 번 우체통 편지를 배달하는 시간을 일과 중에 마련하였다.
상호작용	• **도움 주기** "선생님 엄마에게 편지를 쓰고 있는데 '사랑해요'는 어떻게 적어요?"라며 도움을 요청하는 유아들에게 글자를 개별적으로 알려 주었다. • **공감하기** "○○이 엄마, 아빠가 편지받고 감동하시겠다! 선생님도 이런 편지 받고 싶어요~" 교사는 유아들의 편지쓰기를 격려하고 행복에 공감해 주었다.
발달고려	• 유아는 성인처럼 **관례적 쓰기 단계**에 도달하지 못한 상태로 창안적 글자 쓰기와 철자 쓰기 오류, 발음 나는 대로 쓰기가 나타난다는 것을 알고 • 교사는 유아가 도움을 요청할 경우, 개별적인 발달에 맞게 한글맞춤법을 알려주는 방법으로 유아들의 쓰기발달을 지원하였다.

놀이지원 확장 :: '글자가 궁금해요 노트' 교재 지원과 개별적 상호작용

초등학교 교육과정과 연계하기 위해 5세 유아들의 쓰기 활동의 횟수를 늘렸다. 교사는 유아의 개별적인 흥미와 수준에 따라 놀이 중에 궁금해했던 글자를 유아가 잘 보고 천천히 따라 쓸 수 있도록 '보드판' 또는 '글자가 궁금해요 노트'에 글자를 크게 적어 주었다.

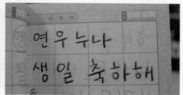

8. 뼈, 우주 등 탐구한 것을 글로 적어 소개해요

놀이흐름 따라가기

구분	누가	언제	어디서
놀이	4~5세	자유놀이시간	과학 공간

"해골에 대해서 알아보고 있어요. '해골' 글자 좀 써 주세요."

"지민이가 민수에게 '해골' 글자 좀 알려 줄래?"

"선생님, 해골과 몸속 뼈들이 모두 있는 사진을 찾았어요. 프린트해 주세요~"

영역 내용 연계

3~5세
누리과정

 의사소통 읽기와 쓰기에 관심 가지기 > 자신의 <u>생각을 글자와 비슷한</u> <u>형태로 표현한다.</u>

 자연탐구 자연탐구 > 탐구과정 즐기기 > 궁금한 것을 탐구하는 과정에 즐겁게 참여한다.

놀이지원 실제

놀이자료 공간/일과 지역 연계	• **놀이자료 지원** 궁금한 것이 생겼을 때, 자료를 탐색하고 기록할 수 있는 태블릿 PC, 그림책, 화보, '글자가 궁금해요 노트', 쓰기도구 등을 지원하였다.
상호작용	• **도움 주기** 궁금한 글자를 또래들끼리 서로 알려 줄 수 있도록 격려하였다. "지민이가 민수에게 '해골' 글자 좀 알려 줄 수 있을까?" • **확장하기** 교사는 유아들이 개별적으로 흥미 있는 주제를 탐구하면서 익힌 새로운 어휘를 읽고 쓸 수 있도록 지원하였다.
발달고려	• 읽기발달 과정에 있는 유아들은 문장을 읽을 때 **삽입, 생략과 같은 오류**가 나타난다는 것을 알고 • 교사는 한 음절, 한 단어, 한 문장씩 손가락으로 짚어 가며 문자를 읽는 방법으로 또래가 쓴 정보 읽기를 지원하였다.

놀이지원 확장 :: 개별적으로 흥미 있는 주제를 탐구할 수 있는 교재 지원

"여기 수성, 금성, 지구, 화성. 목성, 토성, 천왕성, 해왕성이라고 이름을 썼어요!
선생님, 읽어 보세요."

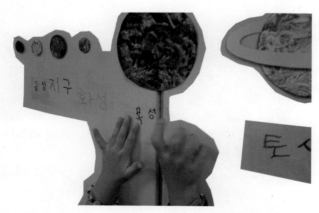

"선생님, 이것 봐요.
내가 알아낸 행성 이름들을
썼어요."

"우리는 블랙홀이
빨려 들어가는 게 궁금해요."

9. 생각과 느낌을 사진과 미디어로 표현하고 읽어요

놀이흐름 따라가기

구분	누가	언제	어디서
놀이, 활동	1~5세	자유놀이시간/일과 중	실내외 공간

"우리가 찰흙으로 동그란 얼굴을 만들고 있어!"

"레고우주선을 연결한 사진이야!"

"저것봐!"
모두 태양 중심으로 돌고 있어!"

"산책길에서 본 배홍나무 꽃사진을 찾아요!"

"내가 가운데 있어요."

"사진을 보니까 지윤이가 꽃을 보면서
웃고 있네! 기분이 좋은 것 같은데!

영역 내용 연계

3~5세 누리과정	의사소통	읽기와 쓰기에 관심 가지기 > **주변의 상징**, 글자 등의 **읽기에 관심을 가진다.**
	자연탐구	생활 속에서 탐구하기 > 도구와 기계에 관심을 가진다.
2세 보육과정	의사소통	읽기와 쓰기에 관심 가지기 > **주변의 그림과 상징, 글자에 관심을 가진다.**
0~1세 보육과정	의사소통	읽기와 쓰기에 관심 가지기 > **주변의 그림과 상징에 관심을 가진다.**

놀이지원 실제

놀이자료 공간/일과 지역 연계	• **놀이자료 지원** 태블릿 PC, 노트북, 무선 스피커, 카메라, 프린트기 등의 전자기기를 영유아들이 놀이에서 필요한 순간에 사용할 수 있도록 제공하였다.
상호작용	• **문제해결/정보제공** 산책하면서 궁금했던 배롱나무의 꽃 검색하기, 그림책에서 보았던 행성들 영상 보기 등을 통해 궁금한 문제를 해결하고, 새로 얻은 정보에 대해 이야기를 나누었다. • **관련 있는 개인적 경험 나누기** 남산에서 발견한 가을 풍경을 찍어 사진전을 열고 자신들이 만든 동작이나 춤을 영상으로 찍어 함께 보는 등 영유아들이 미디어를 읽고 쓰며 소통할 수 있도록 지원하였다.
발달고려	• **시청각 경험**은 데일이 경험의 원추이론에서 제시한 세 가지 경험 중 하나라는 것을 알고 • 교사는 영유아들이 시청각 기기를 사용해 놀이를 기록할 수 있도록 지원하였다.

놀이지원 확장 :: 표현하고 싶은 이미지와 영상을 만들 수 있도록 상호작용

"내가 찍은 가을 풍경이야!"
〈2세 나무반 손가락 사진전〉

"우리가 만든 동작을 찍어서
친구들에게 소개하자~ 재미있겠지!"

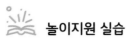 놀이지원 실습

다양한 재료를 사용해 끼적이기_영아

놀이흐름 따라가기

구분	누가	언제	어디서

놀이	교사/영아 상호작용
	☐ 무질서한 끼적이기: 낙서판, 윈도우 마카 T C
	☐ 가로선, 세로선 끼적이기: 스크래치 종이 T C
	☐ 회전, 닫힌 원 끼적이기: 박스, 사인펜 T C
	☐ 명명하기(기린, 개구리): 색지, 색연필 T C

영역 내용 연계

영역	내용범주	내용

놀이지원 실제

놀이자료 공간/일과 지역 연계	
상호작용	
발달고려	

"여길 봐! 송곳이 이기고 있어!"
이야기를 즐기며 상상력과 문화적 감수성을 기른다.

제13장
책과 이야기 즐기기 지도

1. 내가 선택한 그림책을 언제 어디서나 읽을 수 있어요

2. 그림책을 읽으며 상상해요:『진짜 진짜 재밌는 바다 그림책』

3. 그림책을 읽으며 상상해요:『수박 수영장』_영아

4. '그림자극' 놀이로 이야기를 즐겨요:『공룡 이야기』

5. 말놀이 짓기를 즐겨요:『잘잘잘』

6. 주인공이 되어 말의 재미를 느껴요:『괜찮아 아저씨』_영아

7. 이야기 짓기를 즐겨요:『산책하는 고양이』

🌄 놀이지원 실습

책과 이야기 즐기기 경험을 통해 영유아는 흥미 있는 주제에 대해 탐구할 수 있다. 또한 이야기를 짓고 책을 만드는 경험을 통해 상상력과 창의성, 예술 감성을 배울 수 있다.

카메라로 봐주세요.
영상을 확인하실 수
있습니다.

카메라로 봐주세요.
영상을 확인하실 수
있습니다.

1. 내가 선택한 그림책을 언제 어디서나 읽을 수 있어요

놀이흐름 따라가기

구분	누가	언제	어디서
놀이/일상	0~5세	자유놀이시간/일과 중	언어/전체 공간

자유놀이시간

전이시간

점심 식사시간

낮잠 준비시간

"우리 같이 보자~ 땅속에 두더지가 살고 있어요."

영역 내용 연계

3~5세 누리과정	의사소통	책과 이야기 즐기기 > **책에 관심을 가지고 상상하기를 즐긴다.**
	사회관계	나를 알고 존중하기 > 나를 알고 소중히 여긴다.
2세 보육과정	의사소통	책과 이야기 즐기기 > **책에 관심을 가지고 상상한다.**
0~1세 보육과정	의사소통	책과 이야기 즐기기 > **책에 관심을 가진다.**

놀이지원 실제

놀이자료 공간/일과 지역 연계	• **일과 지원** 실내 자유놀이시간은 물론 실외 놀이시간, 식사를 일찍 마치고 기다리는 시간, 이동 전 전이시간, 낮잠 자기 전후 준비시간 등 모든 일과에서 책을 선택해 교실로 들고 가거나 읽을 수 있도록 지원하였다. • **공간 지원** 교실의 여러 영역과 실외 공간, 현관, 복도, 식당 등 모든 공간에 책을 두어 영유아가 책에 쉽게 접근할 수 있도록 지원하였다. • **놀이자료 지원** 영아용, 유아용 그림책을 각각 주제별, 분야별로 정리해 영유아들이 책을 쉽게 찾을 수 있도록 제공하였다.
상호작용	• **긍정적 반응하기** 책꽂이에 꽂힌 많은 책 중에서 영유아가 좋아하는 책, 보고 싶은 책, 흥미 있는 책을 선택할 수 있도록 지원하였다.
발달고려	• **읽기 욕구**는 읽기발달에 필요한 영유아들의 기초 능력이라는 것을 알고 • 자유롭게 책을 읽고 싶은 환경을 구성하였다

놀이지원 확장 :: 개별, 대소집단에서 대화식 책읽기 지원

"내가 좋아하는 책을 찾을 수 있어요!"
교사는 영아가 자신이 좋아하는 책을 알 수 있도록 지원한다.

"사자가면은 인훈이가
좋아하는 책이래! 우리 같이
사자놀이 해 볼까? 어흥~"

"효서가 제일 좋아하는 책에
스티커를 붙여 주세요."

"내가 제일 좋아하는 책은 미피책이에요."
"토끼가 귀여워서 좋아요!"

"알고 싶은 주제의 책을 찾을 수 있어요!"
교사는 유아가 흥미 있는 책을 선택할 수 있도록 지원한다.

(한창 동안 찾던 책을 발견하고)
"할머니가 정원을 돌보는 책이다!
나도 할머니랑 같이 꽃에 물을
주었는데…… 꽃들이 예쁘네!"

"유정이는 지난주와
같은 책을 선택했네!"
"『손바닥 동물원』을
또 빌려 가고 싶어서요."

2. 그림책을 읽으며 상상해요: 『진짜 진짜 재밌는 바다 그림책』

놀이흐름 따라가기

구분	누가	언제	어디서
놀이	3~5세	자유놀이시간	언어/탐구 공간

"이것 봐! 흉상어야! 사나운 눈과 무시무시한 이빨을 가졌대!"

"(피라냐 이야기) 피 냄새가 퍼지자마자 순식간에 몰려들어요."
"악어 거북이야? 어? 문어다! 해파리다! 이건 뭐야?"
(대화를 주고받으며 스티커를 붙임)

영역 내용 연계

3~5세
누리과정

 의사소통 **책과 이야기 즐기기 > 책에 관심을 가지고 <u>상상하기</u>를 즐긴다.**

 예술경험 예술 감상하기 > 다양한 예술을 감상하며 상상하기를 즐긴다.

놀이지원 실제

놀이자료 공간/일과 지역 연계	• **놀이자료 지원** 바다 영상(EBS 다큐), 물고기 피규어, 물고기 스티커, 조개류 실물, 밀가루 반죽, 수족관 등 유아가 그림책과 함께 미지의 바다에 대한 호기 심을 가지고 상상할 수 있는 교재교구를 지원하였다. • **일과 지원** 흥미가 지속된 유아들이 『진짜 진짜 재밌는 바다 그림책』을 보며 상 상을 확장할 수 있도록 하루 종일, 1~2개월 정도 충분한 시간을 지원하였다.
상호작용	• **유추 연상/대화 확장하기/창의적 발문** 그림책을 보고 연상되는 것들을 상상 할 수 있도록 지원하였다. "흉상어는 아무것도 안 보이는 바다 속에서 어떻게 먹이를 찾을까?" "만약에 바다에 들어갈 수 있다면 훈이는 누구를 만나고 싶어요?"
발달고려	• 유아의 상상력 발달은 지시적 양식보다는 **대화 유도적 양식**을 사용한 상호작 용이 도움이 된다는 것을 알고 • 장면이나 결말, 가정을 상상하는 대화를 나누며 상상을 즐기는 방식으로 지원 하였다.

놀이지원 확장 :: 지역사회 연계, 수족관 현장학습

"고래가 미끄럼틀처럼
탈 수 있는 파도를
만들고 있어요~"

3. 그림책을 읽으며 상상해요:『수박 수영장』_영아

놀이흐름 따라가기

구분	누가	언제	어디서
놀이	1~2세	자유놀이시간	언어 공간

[TV창비]『수박 수영장』

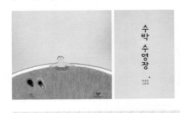

"드디어 수박 수영장을 개장할 때가 왔습니다.
올해도 수박 수영장은 인기가 많습니다……"

"수박 수영장에 들어가면 어떤 느낌일까?
우리도 빨간색이 될까?"

영역 내용 연계

2세 보육과정	의사소통	책과 이야기 즐기기 > 책에 관심을 가지고 <u>상상한다.</u>
0~1세 보육과정	의사소통	책과 이야기 즐기기 > 책에 관심을 가진다.

놀이지원 실제

놀이자료 공간/일과 지역 연계	• **놀이자료 지원** 수박 비치볼, 수박 부채, 실물 수박, 대형 수박 이미지에 수영하는 영아 사진을 합성한 환경구성물 등 그림책을 보고 호기심을 가지거나 상상하기를 즐길 수 있는 교재교구를 지원하였다. • **일과 지원** 흥미가 지속된 영아들이 『수박 수영장』 그림책을 보며 상상을 확장할 수 있도록 1~2개월 정도 충분한 시간을 지원하였다.
상호작용	• **유추 연상/대화 확장하기** 창의적 발문 그림책을 보고 연상되는 것들을 상상할 수 있도록 지원하였다. "우리도 빨간색이 될까?" "수박 수영장처럼 놀이터를 만들 수 있는 과일이 또 있을까?" "바나나 미끄럼틀은 어때?"
발달고려	• 영아는 같은 놀잇감, 사건을 함께보는 **공동 주의(joint attention)** 능력이 발달하면서 주위의 사물에 관심을 가지고 상호작용을 시작한다는 것을 알고 • 교사는 수박이 포함된 놀이책으로 영아의 호기심과 상상력을 지원하였다.

놀이지원 확장 :: 자료/교재 지원, 상상놀이 놀잇감

● 수박 부채

● 수박 비치볼

●『수박 수영장』 그림책

"책과 함께 상상놀이를 즐겨요!"
교사는 시간 지원과 질문을 통해
영유아가 상상놀이를 즐길 수 있도록 지원한다.

	'상상 일과' 지원
• **일과 지원 1** 시간적 여유를 가지고 영유아들과 그림책을 읽고 질문을 만들고 답을 상상하는 시간을 가졌다.	
• **일과 지원 2** 자유시간에 책을 읽고 활동시간에 질문을 하고 답을 상상하고 생각하는 데 다시 한 주간의 자유시간을 모두 사용하였다.	
• **일과 지원 3** 시간을 적절히 작게 나누어 영유아마다 개별적으로 지원하는 방법으로 교사의 시간을 사용하였다.	
• **일과 지원 4** 시간을 빈둥거리며 보냈다. 영유아들의 상상에 많은 시간을 할애하였다.	상상과 창의성에서 매우 중요한 요소는 '시간' 지원이다.

상상 상호작용 지원 :: 내가 "만일 ~ 한다면?"

「늑대가 들려주는 아기돼지 삼형제 이야기」

• 내가 돼지라면 늑대에게 설탕을 줄 수 있을
까? 안전하게 줄 방법이 있을까?
• 내가 만일 늑대일보의 기자라면?
• 내가 만일 돼지일보의 기자라면?

상상력은 지식보다 중요하다.

알버트 아인슈타인(Albert Einstein)

『구름 나라』

- 구름 나라로 들어가는 주문을 내가 만든다면?
- 내가 찍은 구름 사진과 닮은 것을 연상해 보고 구름 사진 위에
  그것을 그려 보세요.

『피터의 편지』

- 내가 피터라면 어떤 소
  원을 빌었을까요?

『마녀위니와 심술쟁이 로봇』

- 내가 위니라면 로봇에게
  어떤 마술을 걸까요?

『내 사랑 뿌뿌』 • 나에게 용기를 주는 물건을 만든다면?

4. '그림자극' 놀이로 이야기를 즐겨요: 『공룡 이야기』

놀이흐름 따라가기

구분	누가	언제	어디서
활동/놀이	2~5세	자유놀이시간	언어 공간

"아, 배고파! 작은 공룡, 큰 공룡 모두 먹어 버릴 테다!"
… (중략) … "난 사다리를 올라갈 때 잡아 주면 좋겠어!"
"난 너의 멋진 목소리로 노래를 불러 주면 좋겠어!"

영역 내용 연계

3~5세 누리과정	의사소통	책과 이야기 즐기기 > 동화, 동시에서 말의 재미를 느낀다.
	예술경험	예술 감상하기 > 다양한 예술을 감상하며 상상하기를 즐긴다.
2세 보육과정	의사소통	책과 이야기 즐기기 > 책에 관심을 가지고 상상한다.
0~1세 보육과정	의사소통	책과 이야기 즐기기 > 책에 관심을 가진다.

놀이지원 실제

놀이자료 공간/일과 지역 연계	• 놀이자료 지원 그림자극을 할 수 있도록 빔 프로젝트나 손전등, 그림자 인형과 인형극 틀, 대본 또는 녹음 파일을 제공하였다. • 공간 지원 유아의 요구를 반영하여 그림자극 놀이 공간을 구성하였다.
상호작용	• 도움 주기 모델링을 보이거나 함께 놀이하며 유아들이 그림자극 교재교구를 익숙하게 사용할 수 있도록 도움을 주었다. • 정서표현 유아들의 그림자극 놀이를 관찰하면서 이야기의 재미를 느끼고 표현할 수 있도록 지원하였다.
발달고려	• 시청각 경험은 데일이 경험의 원추이론에서 제시한 세 가지 경험 중 하나라는 것을 알고 • 교사는 그림책을 그림자극으로 변경하여 영유아들의 새로운 시청각 경험을 지원하였다.

놀이지원 확장 :: 공간 지원, 그림자극 놀이 영역 구성

"와! 재미있다!
진짜 재미있어요."

『올리비아의 크리스마스』
'PPT 동화'로 이야기를 즐겨요.

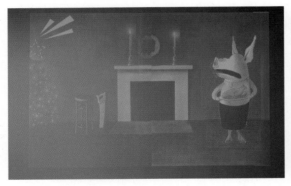

올리비아의 두근두근 크리스마스 PPT 동화 대본
글/그림 이안 팔코너 옮김 김소연

#1 [메르로 올라오는 장면]
* 크리스마스를 하루 앞둔 날이었어요. *
올 : 아 힘들어
엄마 : 서두르자

** 이안 : 난 웃긴걸어.
막내 : 까까
아빠 : 애들아 부지런히 가자 같은 우리 할 일 이 많이 남았
어. *
(환파경) : 올 : 아빠 이안 크리스마스 트리 좀 세워주세
요. *

#2 [트리를 세우는 장면]
이안 : 아빠 이쪽 아니고 저쪽!
아빠 : 이쪽으로 영차!
* 엄마 : 여보 좀 도와줘요. *

#3 [밥상을 먹이는 장면]
엄마 : 올리비아 저녁 점심 좀 먹여줄래?
* 올 : 밥먹이고 있어요.
막내 : 뭐? 먹이고 있나?
올리비아 : 불꽃처럼 라이고 -
* 엄마 : 뭐? 그걸 먹이면 쿵쾅 쾅? *
막내 : 우-우욱-
엄마 : ...아프단다.. 어떡하면 좋냐-

#4 [산타 엄마를 기다리는 장면]
올 : 아 벌써 9시잖아 산타 할아버지는 언제 오시는거
야!
* 이안 : 4시7? 꿔 안돼-7
* 엄마 : 올리비아, 이안 산타 할아버지는 한밤중에 오
셔. 아직 멀었어.. **

다같이 : 우와 됐다!
아빠 : 아주 멋진 트리구나
막내 : 크리스마스 크리스마스

#5 [벽으로 귀기대다 기다리는 장면] : 우쇠운 음악
* (- 비오는 효과음 천둥소리 -)

올 : 엄마 몇시야?
* 엄마 : 5시-
이안 : 아 좀 비가 오는 거야!
(걱정화내) 엄마 : 산타 할아버지 오다가 미끄러지면 어떡
하지?
올 : 진짜, 산타 할아버지 꼭 와 오시는 거야.

#6 [산타 엄마선물 우리기를 부탁하는 장면] '깩뜬한 사슴'
** 엄마 : 얘들아 아직 멀었다니까 이거 꽈서 엄마 좀
도와줘.
* 여기 저녁 식사 좀 준비해봐야겠어
올 : 네 엄마

#7 [우체통 싸선선물을 보여주는 장면]
올 : 엄마 이거 봐요.
이안 : 엄마 이거 꽈봐요.
막내 : 엄마- 여기- 여기-
* 엄마 : 세상에! 진짜 예뻐구나 (놀라며)
* 올 : 빠뜨리게 만든 장식물을 어디갔어 찾았니?
** 후씨.... 게가좋아!?
아빠 : (흐으며) 얘기가 여기서 무슨 상관이잖어.
아빠 : 올리비아 벽난로에 장작을 쌓 간에 좀 도와줄
래?

#8 [아침에 자는 장면] '잔나는 새날'

* 아빠 : 그리지 말고 우리 캐롤을 불러줄까?
(♬ - 캐롤 연주 -)

다같이 : ♬ 고요한 밤 거룩한 밤
올 : 아가 - 짤도 - 잔다 -
이안 : (빼곡내며) 누나, 아 시끄러워
막내 : 시끄 시끄

#14 [간식을 준비하는 장면]
* 엄마 : 아 맞다!
진- 아 중요한 일이 남았잖아
이안 : 원래요?
엄마 : 산타할아버지가 드실 간식을 챙아아자
아빠 : 산타할아버지는 뭘 드시면 좋을까? *
막내 : 우유 까까 우유 까까- 우유- 까까

#15 [벽난로 앞에서 기다리는 장면] '지정가'
* 올리비아 : 이제 기다릴 시간이야-
* 엄마 : 이제 잘 시간이라니!
이안 : 아 싫어요. 산타 기다릴거야.
올 : 좀 자자. 봐 막 올리비아! 빨리 와-

#16 [올리비아가 간식을 먹는 장면]
강아지 : 멍멍 얌얌얌

#17 [올리비아가 파헤치는 장면]
* 올리비아 : 아 잠이 안와
* 오긴 오겠지?
아 더워
* 오- 다시 추워
* (복소리 쿵- 쿵- 쿵-

#18 [올리비아가 또 밤을 돌아다니는 장면]
* 올 : 이게 무슨 소리지? 산타 할아버지 왔나?
* 아 나 오늘 진짜 웃겨겠어.

#19 [아침에 자는 장면] '잔나는 새날'

* 올 : 여기나 산타 할아버지가 과자방 우유를 몽땅 드
셨잖아!
강아지 : (짖으며)

#21 [밥을 먹는 장면]
* 엄마 : 애들아 애들아 어서 와서 아침 먹으렴 -
엄마 : 선물은 아침을 다 먹고 나서 푸는 거야
다 같이 : 얌얌냠냠 / 꿀떡
엄마 : 다 선물보러 갈래!
* 올 : 피
막내 : 피?
엄마 : 어머어머 애 좀 봐?
아빠 : 우리 막내는 이제 젖살이도 다 빠진 것 같은데!
조금 있으면 뛰겠는데.. 하하하
막내 : 다 키웠네 호호호 -

#23 [선물이 나오는 장면]
올리비아 : 잉- 잘옷 /* 와 스키!
이안 : 오이- 스웨터 /* 와 썰매!
막내 : 오오! 와 마라카스(흔들기)

#24 [엄마 아빠에게 인사 하는 장면]
* 엄마 : 산타할아버지한테 당사하다고 인사해야지
올 : (격식 차리며) 그런데 산타 엄마 아빠 선물은?
* 엄마 : 우리도 산타가 엄마아빠 아빠는 안줬나봐

#25 [올리비아 혼자 있는 장면]
* 올 : 그럼 지금 엄마 아빠한테 내가 선물을 드릴게

엄마 : 선물?
아빠 : 선물이 뭔데?

#26 [문제 사람이 나오는 장면] '크리스마스의 음율'
* 다같이 : 아니, 까까요!
올 : - 단체사진 나비, 토끼, 라쿤내, 곽참새 + 노미 -

#27 [수가 보는 장면]
* 올 : 그런 저돌 뇌라갈게요-

『으뜸 헤엄이』
'자석 · 융판 동화'로 이야기를 즐겨요.

"순서대로 차례차례 놓아 줄 수 있겠어? 누가 제일 먼저 나와?"
빨간 물고기 > 으뜸 헤엄이 > 다랑어 (차례로 꺼낸다.)
"다음엔 누가 나오지? 다랑어가 모두 잡아먹잖아!"
"생각이 안 나면 다시 책을 봐도 돼!" "해파리를 먹었어! 하하하."

5. 말놀이 짓기를 즐겨요:『잘잘잘』

놀이흐름 따라가기

구분	누가	언제	어디서
활동	2~5세	자유놀이시간/일과 중	언어/전체 공간

"열~ 하면 열차 타고
여행을 간다고 잘잘잘"

1 하나 하면 할머니가 지팡이를
  짚는다고 잘잘잘
2 둘 하면 두부장수 두부를
  판다고 잘잘잘
3 셋 하면 새색시가 거울을
  본다고 잘잘잘……
"다른 가사로 바꿔서 불러 보자!"

영역 내용 연계

3~5세 누리과정	의사소통	**책과 이야기 즐기기 > 말놀이와 이야기 짓기를 즐긴다.**
	의사소통	듣기와 말하기 > 자신의 경험, 느낌, 생각을 말한다.
2세 보육과정	의사소통	**책과 이야기 즐기기 > 말놀이와 이야기에 재미를 느낀다.**
0~1세 보육과정	의사소통	**책과 이야기 즐기기 > 이야기에 관심을 가진다.**

놀이지원 실제

놀이자료 공간/일과 지역 연계	• **놀이자료 지원** 『잘잘잘』처럼 단순하고 재미있게 말맛을 살린 문장의 그림책과 새로운 말놀이를 녹음할 수 있는 전자기기를 제공하였다. • **일과 지원** 새로운 말놀이를 만들 시간 지원을 위해 일주일 정도 짧은 전이 시간에 활동을 진행하였다.
상호작용	• **창의적 사고/반복/구체화/정서표현** 여러 가지 새로운 가사를 짓고, 유아들의 생각을 정리해 말놀이로 불러 볼 수 있도록 지원하였다. "○○으로 시작하는 새로운 가사를 만들어 보자." "와! 좋은 생각이다!"
발달고려	• 5세 유아의 음성언어 발달 수준은 성인과 거의 유사하여 하나의 **문장에 접속사를 넣어** 문장의 길이를 끊임없이 늘일 수 있다는 것을 알고 • 말놀이 짓기 놀이를 통해 말하기 능력의 유창성을 지원하였다.

놀이지원 확장 :: 새로운 가사를 만들어 말놀이로 부르기

하나, "하나 하면 할아버지 양파를 싣는다고 잘잘잘"

　　"둘 하면……(말문이 막힘) 생각하고 해야겠다!"

둘, "둘 하면 두더지가 땅을 판다고 잘잘잘"

셋, "셋~ 하면 세발자전거 아이들이 탄다고 잘잘잘"

넷, "넷~ 하면 내복 입고(깔깔깔 웃는다) 쿨쿨쿨쿨 잠잔다고 잘잘잘"

다섯, "다섯 하면 다람쥐가…… 다람쥐는 안 돼. 진짜 책이랑 달라야 해."

　　"다섯 하면 다리미가 옷을 바로 다린다고 잘잘잘"

여섯, "여섯 하면 연~어~가 바다구경 한다고 잘잘잘"

일곱, "일곱 하면 일본 가서 초~밥을 먹는다고 잘잘잘"

6. 주인공이 되어 말의 재미를 느껴요: 『괜찮아 아저씨』_영아

놀이흐름 따라가기

구분	누가	언제	어디서
놀이	1~2세	자유놀이시간/일과 중	언어/전체 공간

[비룡소]『괜찮아 아저씨』
북트레일러

"아저씨는 아침이면 머리 모양을 만들고
숫자를 세었어요~"
"하나, 둘, 셋, 넷, 다섯, 여섯, 일곱, 여덟, 아홉, 열"

"우리도 아저씨와 함께 머리카락을 세어 보자~"
"(같이) 하나~아, 두~울, 세~엣"

영역 내용 연계

| 2세 보육과정 | 의사소통 | 책과 이야기 즐기기 > 말놀이와 이야기에 재미를 느낀다. |
| 0~1세 보육과정 | 의사소통 | 책과 이야기 즐기기 > 이야기에 관심을 가진다. |

놀이지원 실제

놀이자료 공간/일과 지역 연계	• 놀이자료 지원 『괜찮아 아저씨』『깜깜해, 깜깜해』처럼 단순하고 반복되는 말맛이 있으면서 영아들이 내용의 등장인물과 함께 참여할 수 있는 그림책을 제공하였다.
상호작용	• 지시하기/반복/정서표현 그림책 속 주인공과 함께 행동하거나 말할 수 있는 부분을 찾아 영아들이 말놀이를 즐길 수 있도록 제안하였다. "우리도 아저씨와 함께 머리카락을 세어 보자(함께 웃는다)." "이번에는 서완이가 똑똑 두드려 볼까?" "여길 눌러서 불을 꺼 보자."
발달고려	• 2세 영아는 다양한 어휘를 갑작스럽게 많이 산출하는 **어휘 급등기**임을 알고 • 교사는 많은 사물 명칭과 의성어, 의태어가 풍부한 그림책을 제공하였다.

놀이지원 확장 :: 교재교구 지원, 참여할 수 있는 영아용 그림책 제시

"똑딱 불을 꺼요."
(영아들이 눌러서
불을 끈다.)
"똑똑똑 누구 없나요?"
(영아들이 두드린다.)

『깜깜해 깜깜해』
"깜깜해, 깜깜해! 깜깜 깜깜 불 좀 켜 줄래? 켰다! 아기새 삐삐구나."
"깜깜해, 깜깜해! 깜깜 깜깜 불 좀 켜 줄래? 켰다! 강아지 멍멍이구나."
"앗, 불이 안 켜져. 이게 아닌가 봐. 켰다! 아기 고양이 냥냥아, 참 잘했어."

7. 이야기 짓기를 즐겨요: 『산책하는 고양이』

놀이흐름 따라가기

구분	누가	언제	어디서
놀이	4~5세	자유놀이시간	언어 공간

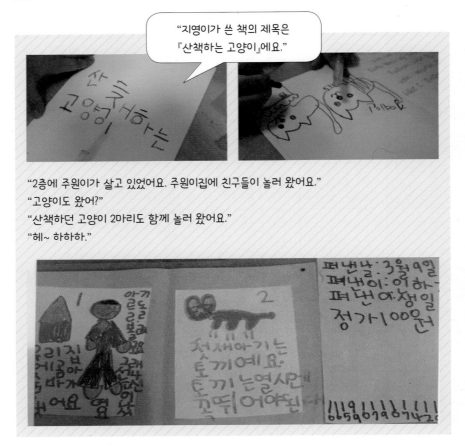

"지영이가 쓴 책의 제목은 『산책하는 고양이』에요."

"2층에 주원이가 살고 있었어요. 주원이집에 친구들이 놀러 왔어요."
"고양이도 왔어?"
"산책하던 고양이 2마리도 함께 놀러 왔어요."
"헤~ 하하하."

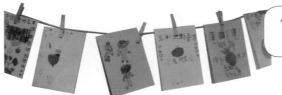

"선생님과 친구들에게 효석이가 지은 이야기 좀 들려주세요."

영역 내용 연계

| 3~5세
누리과정 | **의사소통** | **책과 이야기 즐기기 > 말놀이와 이야기 짓기를 즐긴다.** |
| | **예술경험** | 예술 감상하기 > 서로 다른 예술표현을 존중한다. |

놀이지원 실제

놀이자료 공간/일과 지역 연계	• **놀이자료 지원** 책 만들기용 종이, 다양한 필기구, ISBN 바코드, 출판사 로고 등 책 만들기에 필요한 교재교구를 제공하였다. • **일과 지원** 자유롭게 창의적으로 표현하는 것이 중요하므로 일과 중 충분한 시간을 제공하였다. • **공간 지원** 유아가 만든 책이 많아지면서 전시 공간 확보가 필요하다고 판단하여 교구장을 이동, 전시 공간을 지원하였다.
상호작용	• **관련 있는 개인적 경험 나누기** 읽고 쓰는 발달의 차이, 흥미와 이야기의 주제가 다른 점을 고려하여 개별적으로 상호작용하였다.
발달고려	• 유아는 확장된 어휘를 통해 **문장 표현 능력**을 발달시킨다는 것을 알고 • 유아가 자신만의 이야기를 구성, 동일한 경험을 다른 이야기와 문장으로 표현할 수 있도록 지원하였다.

놀이지원 확장 :: 책 만들기 영역

"우리가 만든 책을 친구들이 볼 수 있도록 여기에 비치해 두자."

"내가 지은 책이에요."
교사는 유아가 흥미 있는 주제로 이야기를 지을 수 있도록 지원한다.

『햇님빵 이야기』 이야기 짓기: 햇님을 따다가 햇님빵을 만들어 먹자 입에서 불이 나왔어요.

『상상 시간』 이야기 짓기	『꼬마 공룡 이야기』 이야기 짓기	『곤충기』 이야기 짓기
잠을 안 잘 때 상상을 해요.	나는 꼬마 공룡 이야기를 알아요.	개미가 도둑을 만났어요.

"내가 지은 이야기를 읽어 줄게요."
교사는 유아가 자신의 이야기를 소개할 수 있도록 지원한다.

『우리 가족 음식』 정보책 짓기: 엄마, 아빠, 할머니, 동생 등 가족들이 좋아하는 음식

『오늘 기분 어때?』 정보책 짓기: 기쁨, 피곤, 슬픔,
화남으로 나누어 친구, 선생님들의 기분을 기록

『보석백과사전』 정보책 짓기:
다이아몬드, 금, 루비 등 보석 모양

놀이지원 실습

말놀이 동시와 말놀이 동요를 즐겨요

놀이흐름 따라가기

구분	누가	언제	어디서

놀이	교사/영아 상호작용
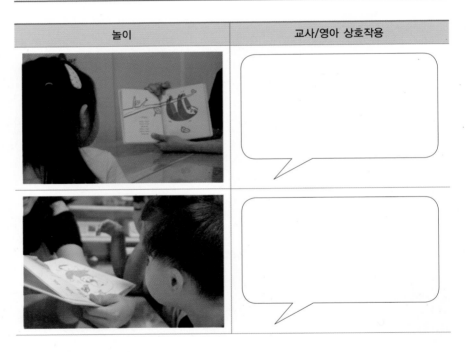	

문혜진의
『의성어 · 의태어 말놀이 동시집』

원숭이
최승호 · 방시혁의 『말놀이 동요집』

영역 내용 연계

연령	영역	내용범주	내용
0~1세 보육과정			
2세 보육과정			
3~5세 누리과정			

놀이지원 실제

놀이자료 공간/일과 지역 연계	
상호작용	
발달고려	

놀이지원 실습: 표준보육과정, 누리과정 내용범주 및 내용 숙지하기

내용범주	내용		
	0~1세	2세	3~5세
듣기와 말하기	표정, 몸짓, 말과 주변의 소리에 관심을 갖고 듣는다.	표정, 몸짓, 말에 관심을 갖고 듣는다.	말이나 이야기를 관심 있게 듣는다.
		자신의 요구와 느낌을 말한다.	자신의 경험, 느낌, 생각을 말한다.
	표정, 몸짓, 말소리로 의사를 표현한다.	표정, 몸짓, 단어로 의사를 표현한다.	상황에 적절한 단어를 사용하여 말한다.
	상대방의 이야기를 들으면서 말소리를 낸다.	상대방의 이야기를 듣고 말한다.	상대방이 하는 이야기를 듣고 관련해서 말한다.
			바른 태도로 듣고 말한다.
			고운 말을 사용한다.

내용범주	내용		
	0~1세	2세	3~5세
읽기와 쓰기에 관심 가지기			말과 글의 관계에 관심을 가진다.
	주변의 그림과 상징에 관심을 가진다.	주변의 그림과 상징, 글자에 관심을 가진다.	주변의 상징, 글자 등의 읽기에 관심을 가진다.
	끼적이기에 관심을 가진다.	끼적이며 표현하기를 즐긴다.	자신의 생각을 글자와 비슷한 형태로 표현한다.

내용범주	내용		
	0~1세	2세	3~5세
책과 이야기 즐기기	책에 관심을 가진다.	책에 관심을 가지고 상상한다.	책에 관심을 가지고 상상하기를 즐긴다.
			동화, 동시에서 말의 재미를 느낀다.
	이야기에 관심을 가진다.	말놀이와 이야기에 재미를 느낀다.	말놀이와 이야기 짓기를 즐긴다.

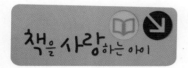

1세 영아의 놀이 장면을 보고 연결되는 표준보육과정 내용은?

_____

_____

_____

_____

_____

_____

_____

_____

_____

_____

_____

_____

_____

_____

_____

_____

_____

_____

참고문헌

고문숙, 권도하, 권민균, 김수향, 임영심(2014). 영유아를 위한 언어지도(개정판). 경기: 양서원.

곽금주(2002). 아동 심리평가와 검사. 서울: 학지사.

곽금주, 장승민(2019). 한국 웩슬러 아동 지능검사 5판(K-WISC-V). 서울: 인싸이트.

교육부(2019). 2019 개정 누리과정 해설서.

권민균, 권희경, 문혁준, 성미영, 신유림, 안선희, 안효진, 이경옥, 천희영, 한유미, 한유진, 황혜신(2012). 아동발달(2판). 서울: 창지사.

김경철, 채미영(2001). 유아의 이야기 이해력 측정을 위한 역동적 평가도구 개발 기초연구. 유아교육연구, 21(1), 71-86.

김명순, 김길숙, 임양미, 이유진(2008). 만 3~5세 유아를 위한 교실 내 언어 및 문해환경 평가척도(ELLCO) 타당화 연구. 아동교육, 28(6), 27-45.

김명순, 신유림 공역(2000). 영유아의 문해발달 및 교육. McGee, L. M., & Richgels, D. J. 공저. 서울: 학지사.

김선옥(2005). 유아의 읽기에 영향을 미치는 변인연구: 단기종단적 접근. 유아교육연구, 25(1), 129-146.

김소양(1995). 쓰기교육 접근법에 따른 유아의 쓰기 행동 및 인식에 대한 연구. 이화여자대학교 대학원 박사학위논문.

김영태, 김경희, 윤혜련, 김화수(2003). 영유아 언어발달 검사. 서울: 도서출판 특수교육.

김영태, 장혜성, 임선숙, 백현정(1995). 그림 어휘력 검사. 서울: 서울장애인종합복지관.

김은심, 조정숙(2015). 영유아 언어 교육의 이론과 실제(개정증보판). 서울: 정민사.

김태련, 강우선, 김경은, 김도연, 김문주, 박랑규, 서수정, 양혜영, 이경숙, 장은진, 정은정, 조현섭, 허묘연(2003). 발달장애 심리학. 서울: 학지사.

김현희, 박상희(2020). 유아문학: 이론과 적용(3판). 서울: 학지사.

박혜경(1990). 유아를 위한 총체적 언어교육 접근법의 효과에 대한 연구. 이화여자대학교 대학원 박사학위논문.

박혜경, 김영실, 김진영, 김소양(1999). 유아언어교육: 이론과 실제. 서울: 양서원.

박혜원, 이경옥, 안동현(2015). 한국 웩슬러 유아지능검사 4판(K-WPPSI-IV). 서울: 인싸이트.

보건복지부(2020). 제4차 표준보육과정 해설서.

배소영(2003). 영유아기 의미평가도구 MCDI-K의 타당도와 신뢰도에 관한 연구. 언어청각장애연구, 8(2), 1-14.

성미영(2002). 과제 상황별 유아의 스크립트 지식과 주제수행 기술 및 스크립트 향상 훈련 효과: 저소득층 유아와 중류층 유아의 비교. 서울대학교 대학원 박사학위논문.

성미영(2003). 자유놀이 상황에 나타난 어머니의 대화양식과 유아의 의사소통 의도. 아동학회지, 24(5), 79-91.

성미영 역(2021). 언어 발달. Patricia J. Brooks & Vera Kempe 공저. 서울: 학지사.

성현란, 이현진, 김혜린, 박영신, 박선미, 유연옥, 손영숙(2001). 인지발달. 서울: 학지사.

세바스티앵 브라운(2011). 우리 아기 까꿍! 서울: 시공주니어.

엄윤재, 박혜경(2004). 유아를 위한 문해 교수법의 효과 비교: 균형 잡힌 문해 교수법과 발음중심 교수법을 중심으로. 아동학회지, 25(6), 259-277.

이경화, 조순옥, 김정원, 심은희, 이연규, 이문정(2014). 영유아를 위한 언어교육(증보
판). 서울: 창지사.

이문옥(1997). 만 3~5세 유아의 읽기 발달 단계 평가에 관한 일연구. 유아교육연구,
17(1), 87-103.

이순형, 권미경, 최인화, 김미정, 서주현, 최나야, 김지현(2010). 영유아 언어지도. 서
울: 교문사.

이순형, 이성옥, 이완정, 권혜진, 황혜신, 이혜승, 이영미, 정윤주, 성미영, 권기남
(2005). 영유아 보육 · 교육 프로그램의 이해. 서울: 학지사.

이순형, 이혜승, 권혜진, 이영미, 정윤주, 한유진, 성미영, 권기남, 김정민(2014). 아동
관찰 및 행동 연구(2판). 서울: 학지사.

이승복(1994). 어린이를 위한 언어획득과 발달. 서울: 정민사.

이승복 역(2013). 언어발달(8판). Owens, R. E. 저. 서울: 시그마프레스.

이영자 역(2002). 놀이를 통한 읽기와 쓰기의 지도. 주디스 쉬케단츠 저. 서울: 이화여자
대학교출판부.

이영자, 이종숙(1985). 비지시적 지도방법에 의한 유아의 읽기와 쓰기 행동의 발달.
덕성여대논문집, 14, 367-402.

이영자, 이종숙(1990). 유아의 문어 발달과 구어 문어 구별 능력 발달에 대한 질적 분
석 연구. 유아교육연구, 10, 41-65.

이은화, 김진영, 서정숙, 조경자, 김지영, 정계영, 백혜리, 엄정애, 이문정(2001). 한국
유아교육의 쟁점과 과제. 서울: 양서원.

이지연, 장유경(2004). 영유아용 의사소통과 상징행동 체크리스트의 표준화를 위한
예비연구. 인간발달연구, 11(4), 37-54.

이차숙(2005). 유아언어교육의 이론과 실제. 서울: 학지사.

이춘희, 장미정(2016). 아동문학교육: 창의성 향상을 위한 이론과 실제(개정판). 서울: 태
영출판사.

이항재, 한복연(2000). 총체적 언어접근 활동이 유아의 문해능력 신장에 미치는 효

과. 미래유아교육학회지, 7(2), 27-56.

이혜경(2005). 구연동화가 아동의 말하기 능력에 미치는 영향. 아동교육, 14(2), 199-211.

정남미(2020). (2019 개정 누리과정을 반영한) 유아 언어 교육(4판). 서울: 창지사.

조명한(1982). 한국 아동의 언어획득 연구: 책략모형. 서울: 서울대학교출판부.

조정숙, 유향선, 김은심(2007). 유아 언어 교육의 이론과 실제. 서울: 파란마음.

주영희(2001). 유아언어발달과 교육. 서울: 교문사.

최목화, 최경숙, 변혜령, 김영애, 주서령, 나종혜, 손승희, 조정신 공역(2009). 보육시설 환경디자인. 애니타 루이 올즈 저. 경기: 교문사.

한유미, 김혜선, 권희경(2022). 영유아 언어교육의 이해: 2019 개정 누리과정에 따른(4판). 서울: 학지사.

Accardo, P. J., & Whitman, B. Y. (2011). *Dictionary of developmental disabilities terminology* (3rd ed.). Baltimore, MD: Paul H. Brookes Publishing Co.

Adams, M. J. (1990). *Beginning to read: Thinking and learning about print.* Cambridge, MA: Massachusetts Institute of Technology.

Beaty, J. J. (2017). *Skills for preschool teachers* (10th ed.). MA: Pearson.

Bloom, L., & Lahey, M. (1978). *Language development and language disorders.* New York: Wiley.

Brown, R. (1973). *A first language: The early stages.* Cambridge, MA: Harvard University Press.

Brown, R., & Hanlon, C. (1970). Derivational complexity and order of acquisition in child speech. In J. R. Hates (Ed.), *Cognition and the development of language.* New York: Wiley.

Bruner, J. (1983). Play, thought, and language. *Peabody Journal of Education, 60*(3), 60-69.

Bzoch, K. R., & League, R. (1971). *Receptive-Expressive Emergent Language (REEL).*

Chalk, J. S. (1967). *Learning to read: The great debate*. New York: Guilford Press.

Clay, M. (2015). *Becoming literate: The construction of inner control* (2nd ed.). Auckland, New Zealand: Global Education Systems(GES).

Cohen, J. H., & Wiener, R. B. (2003). *Literacy portfolios: Improving assessment, teaching and learning*. MA: Pearson.

Cozby, P. C., & Bates, S. C. (2020). *Methods in behavioral research* (14th ed.). New York: McGraw-Hill.

Crystal, D. (2018). *The Cambridge encyclopedia of the English language* (3rd ed.). Cambridge, UK: Cambridge University Press.

DeCasper, A. J., & Fifer, W. P. (1980). Of human bonding: Newborns prefer their mother's voices. *Science, 208*, 1174-1176.

Du, L., & Stoub, S. (2004). *Opinions Pre-K literacy curriculum*, session guide, February 21, 2004.

Dunn, L. M., & Dunn, L. (1981). *Peabody Picture Vocabulary Test-Revised: PPVT-R*.

Durkin, D. (1966). *Children who read early*. New York: Teachers College Press.

Gardner, R. C., & Lambert, W. E. (1972). *Attitudes and motivation in second-language learning*. Rowley, MA: Newbury House Publishers.

Gleason, J. B. (2017). *The development of language* (9th ed.). MA: Pearson.

Goodglass, H. (1993). *Understanding aphasia*. New York: Academic Press.

Goodman, K. S. (1986). *What's whole in whole language?* Portsmouth, NH: Heinemann.

Gunning, T. G. (2020). *Creating literacy instruction for all students* (10th ed.). MA: Pearson.

Halliday, M. A. K. (1973). *Explorations in the functions of language*. London: Edward Arnold.

Hirsh-Pasek, K., & Golinkoff, R. M. (1993). Skeletal supports for grammatical learning: What infants bring to the language learning task. *Advances in Infancy Research, 8*, 299-338.

Hoff, E. (2016). *Language development* (5th ed.). Belmont, CA: Wadsworth.

Irwin, D. M., & Bushnell, M. M. (1980). *Observational strategies for child study.* Holt, New York: Rinehart & Winston.

Jakobson, R. (1968). *Child language: Aphasia and phonological universals.* Paris: Mouton.

Jalongo, M. R. (1996). Teaching young children to become better listeners. *Young Children, 51*(2), 21-26.

Jalongo, M. R. (2014). *Early childhood language arts* (6th ed.). MA: Pearson.

Kuhl P. K. (1987). Perception of speech and sound in early infancy. In P. Salapatek & L. Cohen (Eds.), *Handbook of infant perception* (pp. 275-382). New York: Academic Press.

Lamme, L. (1985). *Growing up writing.* Washington, DC: Acropolis.

Landau, B., & Gleitman, L. R. (1985). *Language & experience: Evidence from the blind child.* Cambridge, MA: Harvard University Press.

Lenneberg, E. (1976). *The neuropsychology of language: Essays in honor of Eric Lenneberg.* New York: Springer.

Lindfors, J. W. (1987). *Children's language and learning* (2nd ed.). Englewood Cliffs, NJ: Prentice Hall.

Machado, J. M. (2016). *Early childhood experience in language arts: Early literacy* (11th ed.). Boston, MA: Cengage Learning.

Many, J. E., & Wiseman, D. L. (1992). The effect of teaching approach on third-grade students' response to literature. *Journal of Reading Behavior, 24*(3), 265-287.

Markman, E. M. (1994). Constraints on word meaning in early language acquisition. In L. Gleitman & B. Landau (Eds.), *The acquisition of the lexicon* (pp. 199-299). Cambridge, MA: MIT Press.

Markman, E. M., & Hutchinson, J. E. (1984). Children's sensitivity to constraints on word meaning: Taxonomic vs. thematic relations. *Cognitive Psychology, 16*, 1-27.

McGee, L. M., & Richgels, D. J. (2012). *Literacy's Beginnings: Supporting Young Readers and Writers* (6th ed.). MA: Pearson.

Moore, G. P., & Hicks, D. M. (1994). Voice disorders. In H. S. George, H. W. Elisabeth & A. S. Wayne (Eds.), *Human communication disorders: An introduction* (4th ed.). New York: MacMillan College Publishing Company.

Morrow, L. M. (2020). *Literacy development in the early years: Helping children read and write* (9th ed.). MA: Pearson.

Nelson, K. (1973). Structure and strategy in learning to talk. *Monographs of the Society for Research in Child Development, 38*(1-2, Serial No 149), 136.

Newman, S. B., & Roskos, K. (1990). Play, print and purpose: Enriching play environments for literacy development. *Reading Teacher, 44*(3), 214-221.

Ninio, A. (1995). Expression of communicative intents in the single-word period and the vocabulary spurt. In K. E. Nelson & Z. Reger (Eds.), *Children's language (Vol. 8)*. Hillsdale, NJ: Erlbaum.

Owens, R. (2020). *Language development: An introduction* (10th ed.). New York: Pearson.

Piaget, J. (1962). *Play, dreams, and imitation in childhood.* New York: Norton & Company.

Roskos, K., & Newman, S. B. (1990). Symbolic play as a curricular tool for early literacy development. *Early Childhood Research Quarterly, 5*, 79-103.

Sawyer, W. E. (2011). *Growing up with literature* (6th ed.). MA: Cengage Learning.

Smith, F. (2004). *Understanding reading: A psycholinguistic analysis of reading and learning to read* (6th ed.). NJ: Lawrence Erlbaum Associates Publishers.

Stabb, C. (1992). *Oral language for today's classroom*. Ontario: Pippin Publishing Ltd.

Stark, R. E. (1986). Prespeech segmental feature development. In P. Fletcher & M. Garman (Eds.), *Language acquisition* (2nd ed., pp. 149-173). Cambridge, England: Cambridge University Press.

Sulzby, E. (1985). Children's emerging reading of favorite storybooks: A developmental study. *Reading Research Quarterly, 20,* 458-481.

Tabors, P. O. (2008). *One child, two languages: A guide for preschool educators of children English as a second language* (2nd ed.). Baltimore, MD: Paul H. Brookes Publishing Co.

Teale, W. H., & Sulzby, E. (1986). *Emergent literacy as a perspective for examining how young children become writers and readers.* Norwood, NJ: Ablex.

Trawick-Smith, J. (1993). *Interactions in the classroom: Facilitating play in the early years.* MA: Pearson.

Van Riper, C. (1982). *The nature of stuttering.* Englewood Cliffs, NJ: Prentice Hall.

Volterra, V., & Taeschner, T. (1978). The acquisition and development of language by bilingual children. *Journal of Child Language, 5,* 311-326.

Vygotsky, L. S. (1978). *Mind in society: The development of higher psychological processes.* Cambridge, MA: Harvard University Press.

Wanska, S. K., & Bedrosian, J. L. (1986). Topic and communicative intent in mother-child discourse. *Journal of Child Language, 13,* 523-535.

Wetherby, A. M., & Prizant, B. M. (2002). *Communication and Symbolic*

Behavior Scales (CSBS) Manual. Baltimore, MD: Brookes Publishing Co., Inc.

Weaver, C. (2002). *Reading process and practice* (3rd ed.). Portsmouth, NH: Heinemann.

Wong, F. L. (1991). When learning a second language means losing the first. *Early Childhood Research Quarterly*, 6, 323-346.

Wortham, S. C. (2020). Assessment in early childhood education (8th ed.). Upper Saddle River, NJ: Pearson Education.

찾아보기

[인명]

[내용]

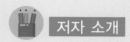

저자 소개

성미영(Miyoung Sung)
서울대학교 대학원 아동학전공 박사
현 동덕여자대학교 아동학과 교수

유주연(Jooyun Yoo)
서울대학교 대학원 아동학전공 박사
현 연성대학교 사회복지과 아동심리보육전공 교수

이세라피나(Seraphina Lee)
중앙대학교 대학원 사회복지학과 아동복지전공 박사수료
현 LG서울역어린이집 원장

제4차 표준보육과정을 반영한

언어지도
Language Arts for Young Children

2022년 2월 25일 1판 1쇄 인쇄
2022년 3월 1일 1판 1쇄 발행

지은이 • 성미영 · 유주연 · 이세라피나
펴낸이 • 김진환
펴낸곳 • (주)학지사
        04031 서울특별시 마포구 양화로 15길 20 마인드월드빌딩
대표전화 • 02)330-5114   팩스 • 02)324-2345
등록번호 • 제313-2006-000265호

홈페이지 • http://www.hakjisa.co.kr
페이스북 • https://www.facebook.com/hakjisabook

ISBN 978-89-997-2598-2 93370

정가 18,000원

출판 · 교육 · 미디어기업 학지사

간호보건의학출판 학지사메디컬 www.hakjisamd.co.kr
심리검사연구소 인싸이트 www.inpsyt.co.kr
학술논문서비스 뉴논문 www.newnonmun.com
교육연수원 카운피아 www.counpia.com